大地の声

アメリカ先住民の知恵のことば

阿部珠理
Abe Juri

大修館書店

■目　次■

第2部 すべての生きものの物語――民話・伝承編……95

大地の声
——アメリカ先住民の知恵のことば——

1

大地の声——名句・名言編

イラスト　福井　紀子

1

死生観

「今日は死ぬにはいい日だ」

It is a good day to die.

死にざまほど生きざまを象徴するものはない。かつてのアメリカ先住民はそう考えていた。だから、生の総決算である死には特別の思い入れがある。彼らの死の美学の根本には「潔さ」があり、いったん緩急あれば、決して生に執着することなく、潔く命を差し出す。そのように書くと、あたかも『葉隠』の「武士道というは死ぬ事と見付けたり」を想起させるが、実際、アメリカ先住民の戦士魂は日本の武士道精神とあい通じるところが大いにある。

スー族、シャイアン族、アラパホ族など平原インディアンと総称される諸部族には、ことにこの尚武の伝統が根強い。一九世紀後半、彼らの土地を奪い取ろうとする合衆国の圧力に抗して最後まで戦った彼らは、現代に至るまで語り継がれるインディアン勇士のモデルになっている。一八七六年、モンタナ州リトル・ビッグホーンで、国民的英雄カスター中佐率いる第七騎兵隊を殲滅《せんめつ》したことも、彼らの武名をさらに轟かせることになった。映画『ダンス・ウィズ・ウルブズ』に登場する勇敢で気高いインディアンもスー族である。

インディアン戦士はしかし、いたずらに好戦的であったわけでは決してない。相手を殺す目的の闘いを行うようになったのは、白人との抗争が始まってからだとよく言われる。平原インディアンに関して言えば、部族間抗争はバッファローの猟場や、彼らの貴重な財産であった馬の奪い合いをめぐってしばしば行われたが、実際の死傷者の数はそう多くはなかった。というのも、彼らには特有の戦いの作法があったからだ。

かつて、戦場におけるもっとも勇敢な行為は、相手を殺すことではなく、相手に「触れる」ことだった。触れるためには至近距離まで相手に近づかなければならない。いずれもつわもの同士だから、それは大いに勇気のいることだった。次の勇気の証明は、死体に触れること。敵に触れられる不名誉を被らないため、死体は味方が必死に守っているから、これもそう簡単なことではない。敵を殺すのは、三番目の勇気の証明でしかなかった。

戦場には「クースティック」を携えて行った。相手に触れるための杖状の棒である。そこからクーを数える—Counting Coupという表現が生まれ、戦いの謂《い》いともなった。もっとも勇敢な戦士は自らの身体とクースティックを結わえ、スティックの先を大地に差し込み、不退転の覚悟を示した。戦士は敵に触れるたび、クースティックに目盛りを刻んだ。勇敢な戦士ほど、スティックに多くのクーが刻まれている。それは勇者の証明、また誇らしい勇者の勲章でもあったのだ。戦士が黄泉路に旅立つとき、必ず生前の武勲、クースティックを携えさせるのが常だった。

勇者は一朝一夕に誕生するものではない。平原インディアンの諸部族は、勇士を育てる複数の「戦士団」を持っていた。戦士団にはそれぞれ名前があって、ラコタ・スー族ではキット・フォックス、ブレイヴ・ハート、ホワイト・バッジ、ベア、バッジャー・マウスなどの伝統的戦士団があった。彼らの第一の任務は部族の人々を守ることである。いったん敵襲があれば、まず老人、女、子どもの安全を確保する任務の戦士団、先頭に立って敵を防ぐ戦士団と、あらかた役割分担も決まっていた。各戦士団は自分たちを鼓舞する歌や固有の祈りの言葉を持ち、それぞれに専属のドラマー、シンガー、食べ物を携える係、懲罰のための鞭を持つ係がいた。戦いは単なる殺し合いではないから、出陣、帰還の際の歌や踊りや儀式はことに重要だった。

どの戦士団に属しているかは、装束や身体に塗られたペイントの色や模様で識別できた。たとえば、キット・フォックスは顔や上体を黄色に塗り、右手に狐の毛皮を巻いていた。ブレイヴ・ハートはバッファローの角を模した兜をかぶり、ホワイト・バッジの楯にはストライプが入っていた。戦士団は戦いだけでなく、野営の見張りやキャンプ内の警察のような役割も果たした。

少年たちは憧れの戦士団に入りたいわけだが、そうそう希望どおりにゆくとは限らない。入団は戦士団メンバーの推薦によってのみ行われたからである。通常、一四、五歳で入団が許されるのだが、戦士団は候補の男の子が七、八歳のころから、戦争ごっこなどをして遊ぶ彼らの俊敏さ、強靭さ、忍耐力、寛容性などを注意深く見ていて、適齢に達したとき、そのめがねに叶うものだけを招き入れた。肉体的に勝っていても、乱暴な者や嘘をつくものが戦士団に招かれることはまずない。実際、嘘をつく行為は、殺人よりも悪いと考えられていた。戦士の言動には、部族の人々の命がかかっていたからである。

戦士の任務は、個人的武勲を立てることよりも、自分の命に代えて、部族の人々を敵から守ることである。だから戦士は、常にその心構えで暮らさねばならない。ラコタ・スー族の有名なフレーズ「ナケヌ・ラ・ワウン」は、戦士のその心構えを端的に示している。通常「死ぬにはいい日だ」と訳されるが、実際にはそれは、「いつ、いかなる場所でも、私の準備はできている」という意味だ。ここにまさに、生きざまが死にざまに直結する根拠がある。勇士はそれにふさわしい品格と人格を、日々の生活の中で培っていかなければならないのだ。

戦場でこのフレーズが発せられるときは、文字どおり死を恐れないことを意味した。実際、このフレーズは頻繁に戦士の口から発せられたが、命に関わる危険な任務をさらに欲するものは、髪の三つ編みを解いてその意思を示したという。

運悪く命を落とすはめになったときも、慌てず騒がず、敵前でも従容と死に赴くのが戦士の心得だった。多くのクーを数えた勇士ともなれば、自分の「死の歌」を準備していた。サンドクリークで騎兵隊のだまし討ちにあい、まさに死につつあるとき、シャイアン族のバンド*の長ホワイト・アンテロープは、虫の息の下、死を迎える歌を歌っていた。「われ悠久の山川にあらざれば、命尽く」

カスター殲滅によってインディアン側の「国民的」英雄となったクレイジー・ホースも、シッティング・ブルも、不意打ちにあって命を落としたが、双方同様に、低い声で死を迎える歌を口ずさんでいたという。なにやら「辞世の句」を思い起こさせる伝統である。

かつてサウスダコタ州のスー族の部族大学で授業を受け持ったとき、印象深い経験をした。大学のあるローズバッド保留地は、多くの先住民保留地の例に洩れず、貧困、疾病、暴力など、あらゆる社会問題を抱えている。母語の話者の減少がその一端を示しているが、伝統的価値が健全であれば、問題はそこまで深刻にはなるまいとも思われる。大学に通ってくる若者たちのほとんどはラコタ語を話さず、はやりのラップ・ファッションを身にまとい、鼻輪をした学生もいた。私のゼミで三島由紀夫の『憂国』を読んだときのことだ。私は三島の思想性ではなく、人間の死にざまの文化についての議論を期待していた。白人の学生が「気持ちが悪い」と顔をしかめたとき、スー族の一七歳の少女が言った。「ここには美がある」と。長い伝統の中で培われた「死」の文化が簡単に死なないことを、私はそのとき実感したのだった。

＊バンドは非定住型のインディアン諸部族の移動単位。

2

老人の地位

「老いた者が語るときは静かに耳を傾けよ」

When an elder speaks, be silent and listen.

言葉は社会を映す鏡のようなものだ。ある社会の思想や価値は、言葉によく現れる。イーグル、タートル、サークルという三つの言葉は、ことに先住民が大切にしているものである。イーグルは空のもっとも高みを飛ぶもの、つまり彼らの神にもっとも近い存在として、タートルは多くの部族でこの大地を支えるものとして、尊崇の対象である。彼らの住む大地は亀の背に乗っているとされているから、彼らはアメリカを「亀の島」と呼ぶ。

サークル、輪の思想は、ラコタ・スー族*社会を特徴づけるものだ。ラコタ族は、インディアンから土地と文化を奪おうとした合衆国連邦政府を相手に、最後まで果敢に戦った部族であるが、伝統的な彼らの考え方によれば、人の一生は直線状に前進するものでも年老いて後退するものでもなく、初めの時点に、円を描いて戻ってくるという。ラコタ語では、一生の始まりである赤ん坊を「ワカン・インシュヤン」と呼ぶが、これは聖なる者という意味である。これに対して、年老いた者たちは「ウィチャクチェ」と呼ばれる。すべての能力に勝る者という意味である。人は一生をかけて努力し、老年に至ってまた「聖なる者」に戻ってくるのだ。したがってラコタ語には、いわゆる「年寄り」という表現がない。

ラコタ族は、日頃の生活の指針として、寛大、勇気、敬意、知恵を四つの徳としているが、年老いた者たちは、これらの徳を体現するラコタ社会の教師である。たとえば、寛大さは物心双方で示されなければならないが、客の訪問が食事の時間などにかかると、その家の祖母にあたるような老婦人が、食事を勧める。孫たちはそれを見て育ち、惜しみなく食物を与えることを学んでゆく。この習慣は、「ギヴ・アウェイ」にもっともよく残っている。文字どおり与え尽くすということだが、現在では子どもが大学を卒業したとき、良い仕事を得たとき、結婚したときなどに、感謝の気持ちを表わすためによく行われる。人が亡くなって一年の喪が明けたとき、故人の遺品を与え尽くすこともよくある。ギヴ・アウェイでは、その場にやってきた不特定多数の人々すべてに何らかの贈り物がされるが、まず老人が最初に受け取る。どの会場に行っても、一番良いところに老人用の席が確保してある。

ラコタ社会にいて実感させられるのは、平等思想である。人は社会的地位や、持ち物の多寡で他人を判断することをほとんどしないように見える。学者や政治家であるとか、会社の社長であるというだけで、ラコタ社会で特別の扱いを受けることはまずない。一人ひとりが異なった資質、能力に恵まれているのであって、その資質や能力に、優劣や高低の判断は伴わない。輪のつながりの中では、どれもが同等に大切なものであるからだ。むしろ、個々人が異なった資質を持っていて社会の中に多様性があるからこそ、人々が相互補完でき、社会が円滑に機能するというふうに考える。

これは、心身障害者に対しても同じである。ラコタの伝統では、彼らを社会から疎外することがない。常と異なる子どもが生まれても、それは異なっているのであって、劣っているのではないと考えるからだ。宗教と生活が今より密接に繋がっていた昔、異なった子どもはむしろワカンタンカ（ラコタ族のグレート・スピリット、大いなる精霊）に近い存在と考えられ、大切に育てられた。子どもはもとより聖なる存在であるが、保護なしには生きられない点で、社会的弱者である。その弱者の中でもことに弱者である心身障害者へのいたわりの心が、常とは異なる子どもを、聖なる者と位置づけるシステムを作り上げたのではないだろうか。

昨今の差別用語狩りに見られるように、私たちは、「びっこ」であるとか、「片手落ち」といった表現にことさら神経質にならざるを得ないが、インディアン名には、Lame Deer（びっこの鹿）、One Hand Bull（片手の牛）、Blind Wolf（盲目の狼）というように、身体的特徴を表わすものが非常に多い。そのこと自体、いわゆる健常者が自らと異なるものとの区別を制度化し、差別へと導いていった多くの文明社会と大きく異なる。私たちが「欠陥」として捉えがちなものを、彼らは「差異」として捉えようとする。実際ラコタ族の私の友人の子どもは、いわゆる知恵遅れであるが、周りの人々がその子のことをhandicappedであるとかdisabledであると表現するのを聞いたことがない。「この子は他の子と違ってちょっと動作が遅いから」とその子の祖母が何のてらいもなく言うのを聞いたとき、また近所の子どもたちが、ごく普通に遊びの輪に彼を加えるのを眼にしたとき、豊かな米国の最貧社会にありながらも、なお人間が保ちうる「品位」というものを、私は学んだように思う。

市場原理が人間を支配すれば、「老害」などという残酷な言葉を生むように、役に立たなくなった人間は余剰の存在として、厄介者扱いされる光景を日本ではよく見かける。現代の姥捨て山と化した老人病院を訪ねて、そのベッドに横たわる老人たちを眼にしたとき、私はラコタ社会で出会った一〇二歳の老人を思い出さずにはいられなかった。寝室が二つしかない粗末な家に、彼は孫夫婦と一緒に住んでいた。すでに足が立たないので、日がな一日リヴィングの椅子に腰掛けて過ごしていた。だが、耳もずいぶん遠くなった彼から、クレイジー・ホースとともにカスター中佐と戦った彼の祖父の話を私が聞く間に、何人の孫や曾孫や隣人が訪ねてきたことだろうか。

ラコタ社会には、独特の親族システムがある。「ティオシパエ」（54～55頁参照）と呼ばれるが、それは拡大家族と訳されている。この伝統の中で育つと、父の男兄弟はすべて父、母の女姉妹はすべて母となり、祖父母の兄弟姉妹から従兄弟にいたるまでが祖父母となる。このシステムは、狩猟や他部族・白人との戦いなどで命を落とすことの多いラコタが、その精神性をプラグマティックな知恵と結びつけて生み出したものだと思う。たとえば生物学上の父が死んでも、他に父がいて子どもたちの面倒を見ることになる。これがラコタには孤児はいないと言われる所以だが、裏を返せば孤老もいないというわけだ。ここでも弱者へのいたわりを、伝統のシステムが保障する。

ラコタ社会の老人のすべてが、知恵あるものであるとはもちろん限らないが、老人たちは密接な親族関係の中で、子どもの教育と深く関わっている。彼らの役割は、これまでの伝統の知恵を、未来の世代に伝えていくことであるからだ。ラコタの公的な集まりに出かけると、必ずワカンタンカへの祈りから行事が始まるが、それを行うのは老人たちである。祈りが済むと、彼らはたいてい昔話を一つ二つして帰ってゆく。その中から、若い者たちは教科書では学べない何かを学びとってゆくのだろう。

一〇〇年以上にわたった収奪と抑圧のなか、貧困、アルコール中毒等、種々の問題を抱えて、合衆国のマイノリティ・グループでも最下層のラコタの人々が、なお、民としての「品位」を保ち続けているのは、すべての能力に勝る者「ウィチャクチェ」たちの声に、若者たちが変わらず耳を傾けているからなのかもしれない。

＊大スー族は、活動範囲と方言の違いによって、ラコタ・ダコタ・ナコタの三つのグループに分かれる。ラコタ・スー族はその最大のもので、さらにその下に、シッティング・ブルの属したハンクパパやオグララなど七つの支部族を持つ。

3

子育て

「一人の子を育てるのは村がかりの仕事である」

It takes a whole village to raise a child.

人が一つ屋根の下に一緒に長く暮らすと顔が似てくるというのには、科学的根拠があるらしい。アメリカにおけるキネシックス（動作学）の知見によれば、親子の顔が似てくるのは、単に生物学上の造作の遺伝のせいではなく、表情の相似によるものだそうだ。赤ん坊は身近に接する人物の瞬きの頻度や、目や眉のつり上げかた、口の開けかた、つまり表情全般を模倣する。目鼻立ちが似ているばかりでなく、面ざしが似てくるのはそのためという。赤の他人の夫婦でも永年一緒にいると似てくるのは、同じ理由によるらしい。

人間が生まれてから社会的存在に成長する過程を社会化というが、その基礎は「模倣」にある。言葉の習得から、食事の作法、善悪の判断にいたるまで、人に生まれて人らしく振る舞うようになるには、「手本」が必要だ。子どもの社会化は家庭に始まり、学校、長じては実社会という環境の中で、無数の手本に出会ってゆく過程だ。まず家庭にあっては両親や祖父母や兄弟、学校においては教師や先輩、同輩、実社会においては上司や先達を含む多くの他者が、「手本」の可能性を提供する。It takes a whole village to raise a child.―一人の子を育てるのは親だけではなく「村がかり」という意味は、子どもの成長に関わる社会の成員すべてが否応なく「手本」となってしまうことへの警句であるだろう。

子どもが長じてこういうふうになりたいと思うような手本は、ロールモデルと呼ばれ、将来に向けての指針を提供する。狩の名人、弓作りの達人、刺繍や革鞣《なめ》しの名手、大人は各々が持つ異なった技術や能力を子どもに伝授してゆくが、村全体がロールモデルであるためには、個々人の性格や特技の違いを超えた生き方の根幹に、共通の姿勢が見出されねばならない。弓作りだろうが革鞣しだろうが、その技術を伝授する際、彼らはまず自分の技量を発揮できる素材を与えてくれた大いなる自然への、感謝の祈りを忘れない。共同体の価値は、それぞれの場面で共有されているのである。

大人たちは、そのような価値や生きる姿勢を「言葉」で教えるのではなく、「態度」で示してゆく。彼らは無言で範を示しながら、子どもたちの自主的な気づきを見守る。先住民社会では親が子どもたちに体罰を与えたり、声を荒らげたりするシーンにはめったに出くわさない。自ら学んだことでなければ、それが本当に身につくことはないと彼らは考えるからだ。このことはまことに教育というものの核心をついているように私には思える。

子どもの参観日で小学校に行ったときのこと、廊下に「お友達に優しくしましょう」という標語が貼ってあるのを見て、実に奇妙な気がしたことがある。優しさや思いやり、愛情といった人生を豊かにしてくれる情操を、言葉で教えることなどできるのだろうか。人は実際の優しさに触れ、それに心動かされ、初めて優しさの何であるかを学ぶものだ。

多くの先住民部族の教育の根底に、この優しさが流れているのを感じる。単に優しさというより、子どもを大切にする思想が行き渡っている。モホーク族の言い伝えに「子どもは天からの借り物」(Your children are not your own but are lent to you by the Creator.) というのがある。子どもは、親が自由にできる所有物ではなく、いわば大切な公の宝なのである。また前章でも触れたようにラコタ族にとって子どもは「聖なる者」であり、大地を決して傷つけてはいけないのは、それが七世代のちの将来の子どもたちから、借り受けたものであるからだという思想による。

先住民たちは、初めて白人入植者と遭遇したとき、彼らの子育ての様子を見て大いに驚いた。白人が平気で子どもをぶつのを見て、彼らはまるで動物のように子どもを扱うと先住民は思った。もちろん自分たちは、馬や犬といった動物さえめったに打擲《ちょうちゃく》しはしないし、体罰という概念はそもそも教育とは無縁なのである。白人側は白人側で、先住民と自分たちの子どもの扱いの違いに目を向けている。アメリカ建国から間もない一八〇三年、ジェファソン大統領はナポレオンから広大なルイジアナ・テリトリーを購入した。国土はいっきょに倍増し、新国土の風土や地形、先住民や西へのルートを調査する必要上、ルイスとクラークが率いる探検隊が組織された。いわゆるVoyage of Discoveryである。探検記録は有名な「ルイス＝クラーク日誌」となって残されているが、そこに書かれた先住民の習俗の観察は実に興味深い。ことに、彼らの子育てに関して象徴的な一節がある。

「彼らは子どもに対して、矯正しない。ことに男の子はそうだ。やがて子どもたちは自分の行為の主人になる。彼らが言うには、子どもを折檻すれば、彼らの魂を脅かし、壊してしまうことになり、そういう子どもは大きくなって独立心を回復することがない」

この一節から私は、虐待を受けて育った子どもが家庭を持ったとき、往々にして虐待する親になる事実を思い浮かべる。彼らはそれこそ魂が壊されてしまったのだ。また、先住民がいかに独立心や自主性を重要視していたかもよくわかる。ことに狩猟移動型の生活が常である平原インディアンにとって、厳しい環境に適応して生きてゆくために、まず独立独行の精神の強さが求められたにちがいない。

大人たちは言葉ではなく、行動によって範を示す一方、子どもたちが何が重要であるかを自ら「気づく」のをじっと待つ。子どもたちの気づきの時期や度合いには、それぞれの資質や性格を反映して自ずと個人差がある。学びは異なった時期に異なった経験をともなって、個々の子どもたちのもとに自然に訪れる。「学ぶべき」時期というものがもしあるとするならば、それはその子が無意識のうちにそれを必要とし、欲したときなのだ。こういう考えは、学びの標準化や平準化の発想とはもとよりつながらない。

ラコタ族の友人の三歳の子どもがまだおむつをしているのを見て驚く私に、彼女はこともなげに言った。「外したくなれば、自分で外すわよ」。こういう「待ち」のおおらかさは、日本ではなかなかお目にかかれるものではない。母親は通常一年を過ぎておむつが外れないと、自分の子が平均的成長より遅れていると心配するものだ。自分の子の成長を、絶えず他の子と比較して平均値に近づけようとするか、平均を超える「優れた」子にしようと頑張りがちだ。なるほど友人が言うように、気持ちが悪ければ自分でおむつを外すだろう。そのときその子は、本当の「不快感」を身体に刻み、不快から逃れる知恵を自分のものにする。

子どもたちは、それぞれの速度で伸びやかに個性を培っていった一八〇〇年代の終わり、同化政策への協力を示すため、息子を東部の学校へ行かせた族長がいた。息子に会うためその学校を訪れた彼は、即座に息子を連れ帰ることにした。「ここの子どもたちはみな同じ顔をしている。ここの教育は良い人間を生まない」という言葉を、そのときこの族長は残している。

自分の顔を持つそれぞれの個性の総和的調和に、「村がかりの子育て」の実態がある。昨今日本では教育再生論議が喧しいが、制度の議論以前に、立ち戻るべき個と共同体を再生させることの重要性を、先住民の伝統的教育観は示唆してくれているような気がしてならない。

4

自立の重要性

「彼らはもはや狼でも犬でもない」

They are neither wolf nor dog.

「四〇過ぎたら自分の顔に責任をもて」とよく言われるように、顔ほど、その人の人生を物語るものはない。のんびりと生きてきた人はそれなりに穏やかな、姑息な生きざまをしてきた人はなにかせわしない、他者に厳しい人はどこか意地悪な雰囲気が、顔に現われるものだ。人生に困難はつきものだが、それらの苦難に打ちのめされることなく生き抜いた、鋼鉄のような強い意志を表わす顔が、かつてのアメリカ先住民の族長にはよくある。

アメリカ合衆国と先住民の歴史的関係を見れば、彼らはその率いる部族が圧倒的物量戦の前に潰《つい》え、土地の割譲を迫られ、いったん割譲すれば見返りの保証条約は頻繁に破られ、保留地に押し込められて伝統の儀式や母語を禁じられるという、終わりのない苦難に間断なく曝《さら》されてきた存在であることがわかる。いってみれば彼ら族長の人生は、「敗北」の連続であり、そんな状況にありながらもなお、民のよりよい生活と部族の存続に一縷《いちる》の望みをかけ、知恵の限りを尽した合衆国との攻防に、彼らは残りの生を投げ打ったのだ。

そんな族長の一人、シッティング・ブルの写真（前頁）を初めて見たとき、私は深い感動を覚えた。彼の表情から読み取れる強い意志に陰をさす濃い悲哀。あまりに多くを失ったせいだ。だが喪失感は彼を卑屈にしてはいない。すべてを失いながら、彼はインディアンとしての矜持《きょうじ》を失っていない。それどころかその表情は高貴な尊厳すら漂わせている。

シッティング・ブル、ラコタ語ではタタンカ・イヨタケはラコタ・スーの族長で、たぶんアメリカでもっとも知られたインディアンであろう。彼の名を一躍アメリカ中に轟かせたのは、リトル・ビッグホーンの戦いである。建国百年に沸く一八七六年の独立記念日、アメリカを恐怖と怒りの渦に巻き込んだのは、カスター中佐率いる第七騎兵隊が殲滅されたニュースであった。無敵の国民的英雄カスターが、モンタナの辺境で先住民連合に殺されうるなど、あってはならないことだった。スー・シャイアン・アラパホ族連合にはクレイジー・ホースのような勇敢なウォー・チーフ（戦頭《いくさがしら》）もいたが、精神的支柱としてリーダーシップを発揮したのが、シッティング・ブルだった。彼は族長であるばかりでなく、人を癒し未来を予期するメディスンマンでもあった。

メディスンマンは特別の霊的能力を有し、祭祀を執り行う。リトル・ビッグホーンの戦いを前に、サンダンス*の儀式を執り行った彼は、「青服（Blue Coat）がパラパラと地に落ちる」ヴィジョンを見て、戦いの大勝利を予言していた。青服とは制服の色からきた騎兵隊の通称である。

シッティング・ブルは、白人からもっとも敵対視され恐れられる存在となった。戦いの後、激しい合衆国の追撃に多くのインディアンが投降し、保留地に追い込まれるなか、彼は一族をつれてカナダに逃れた。しかし極寒のその地で、餓死寸前まで追い詰められ、合衆国への投降を決意する。結果的には他のインディアン同様の保留地暮らしが彼を待っていたが、そこでも彼は、インディアンとしての信念を全うしようとした。

スー族の族長たちは劣勢をいち早く認識し、合衆国との妥協からよりよい生活条件を引き出そうとする者、妥協をあくまで拒み、従来の生活環境を守ろうとする者の二派に分裂した。前者は土地割譲条約に容易に応じたことから条約派、後者は反対の立場から非条約派と呼ばれた。また同化政策に協力的姿勢の前者をプログレッシブ、後者をトラディショナルとも呼んだ。

シッティング・ブルは保留地に入ってからも、伝統派の象徴的存在であり続けた。そして食料配給を受け取りにインディアン・エージェンシーにやってくるものたちを見て慨嘆した。配給は土地割譲の見返りであり、合衆国の条約義務であるから、当然貰う権利がある。しかし彼は、もう一歩深いところから配給を危惧していた。それは依存によって進行する精神の荒廃であり、魂の堕落である。シッティング・ブルは若者が配給によって働かなくなることに、もっとも心を痛めた。

人間の尊厳が自立によってのみ購《あがな》われることを、彼ほど信じていたインディアンはいない。しかし、彼だけではなく、大地に一人で立ててこそ初めてインディアンであると一般にも考えられていた。だからこそ少年の最初の通過儀礼は、弓を作ることであり、石からナイフを切り出すことであったのだ。少年たちは初めて作った弓とナイフを手に一人荒野に放り出される。獲物を倒し、調理して自らを養うまで、帰ってきてはならない。Stolen food never satisfy the hunger. が叩き込まれるのだ。

自ら勝ち得た食べ物は身体を養うだけでなく、魂を養う。少年は初めて射た鹿から、死の悲しみと生の歓びと自立の誇りを学ぶだろう。鹿の肉は少年の空腹を満たすだけでなく、少年の心を強くする。そのことに感謝を忘れなければ、少年は良いハンターとなり、自分を養うだけでなく部族の食の供給者に成長するだろう。いかに食べるかに、自分の拠って立つ意味の根源がある。

「配給は怠け者と酔っぱらいを増やすだけだ」。そんな若者が増えていくにつれ、シッティング・ブルはさらに言った。「インディアンはもはや犬でも狼でもない」。彼らは狼のようなインディアン戦士でもなければ、犬のような白人の農夫にもなり得ない。

政府の役人が土地の割譲を迫ったとき、彼は土くれを一掴みし、「私の息のあるうちは、この土ほどの土地も絶対売り渡さない」とも言った。自然という大いなる供給者を失えば、自立の基礎は永遠に失われる。そんなシッティング・ブルに信奉者は多かったが、頑迷な伝統主義者と批判するものもまた大勢いた。食料にしろ、衣服にしろ、家にしろ、ただで貰えるものをなぜ貰わないのかと。

ただほど高いものはない。シッティング・ブルの死後一〇〇年あまりたった現在の保留地で、心あるものはきっとそう思っているに違いない。この一〇〇年で彼らが払ったコストはあまりに大きい。現在でも続くコモディティという食料配給品、砂糖、小麦粉、肉や豆の缶詰めは、壮健な彼らの肉体をCommodity Bodyと彼らが自嘲的に呼ぶブヨブヨの体に変えた。いったんスー族の保留地に入ると、肥満でない人を見つけるのは難しい。腎臓、肝臓疾患が多いのは、かつて粗悪な缶に含まれていた亜鉛のせいだと彼らは言う。スー族の平均寿命は、全米平均を大きく下回り、六〇歳に届かない。シッティング・ブルの心配を待つまでもなく、飲酒は保留地の慢性病と言われるほど、心身に災厄をもたらしている。

しかしなによりも深刻な災厄は、人間としての尊厳の喪失であるだろう。人は自分の足で立っていなければ、気高くあることは難しい。Hang around the fort mentality（配給品を待ってたむろする乞食根性）と彼らは自嘲するが、保留地では否応なく人間の「さもしさ」を見せつけられる。一〇〇年の依存によって徐々に侵食された自立の気概の回復こそ、現在の保留地で待たれるものだ。

昨夏シッティング・ブルの墓所を訪れた折、彼がいかに人々の心の中に生き続けているかを実感した。"Indian? There's no Indian except me."と言う彼の鋭い眼光に見据えられるたび、人は彼の精神を思い出さずにはいないだろう。

＊サンダンスは平原インディアンに特徴的な再生の儀式で、四日間飲まず食わずで太陽をみつめながら踊り続ける。

5 女性の地位

「女が地にひれ伏すまでは国が征服されたことにはならない」

A nation is not conquered until the heart of its woman is on the ground.

神話や伝説の中の女性の役割は、その社会が女性をどのように見、位置づけていたかをある程度表わしている。多くの部族の創世神話において、女性は中心的役割を演じることがきわめて多い。どの部族にも、グレート・スピリットと総称できるような聖なる力が存在する。ラコタ族のワカンタンカ、クリー族のマニトー、イロコイ族のワコンダなどが例として挙げられるが、無性のそれらから力を得て、生命と大地を作り出すのは、女性である。

イロコイ族では、空から降ってきた「スカイ・ウーマン」が、亀の背中に降りたち大地を生み穀物を植え、娘を産んでその娘から男が生まれた。また、トウモロコシ、豆、カボチャの三大植物は、三人の聖なる姉妹から与えられたから、スリー・シスターズと呼ばれる。イヌイット族では女の神セドゥナが主食の魚と獲物を授け、ショーニー族では「われらの祖母」と呼ばれる聖なる女が人間を作り出した。

ナヴァホ族では「チェンジング・ウーマン」が主食のトウモロコシを授け、自分の身体の一部から最初の人、ナヴァホの先祖を産み出した。それればかりではなく儀式と治療のための歌も与える。ラコタ族でも同様に「ホワイト・バッファロー・カーフ・ウーマン」が聖なるパイプをもたらし、このパイプを用いる七つの聖なる儀式を彼らに与えた。（第2部12話参照）

マザー・アースという表現もあるように、女性が大地と結びつけられるのは、先住民の文化に限ったことではない。だがこれほど明瞭な物語をもって、すべての生命の母として女を位置づける文化は、アメリカ先住民に特徴的なものだ。さらに重要なのは、ナヴァホ族やラコタ・スー族に見られるように、女性は命の母であるばかりでなく、彼らの世界に儀式や信仰を授与する存在だったことだ。それらは彼らの世界に秩序と調和をもたらした。西欧世界では、産む性としての女の豊穣を感情世界に、男性を秩序が代表する理性世界に対応させる伝統が長くある。また理性は感情を従わしめる優位性を保ってきた。先住民文化にはこのような二項対立概念はなく、ものを産む創造力と社会を構成する秩序の両方をあわせ持つ女性は、欠けるところのない「完全な存在」と考えられてきた。

部族社会で成人になるための通過儀礼は、少年のためのものが多い。少女の通過儀礼がそれに比して少ない根拠として挙げられるのは、女性のこの「完全性」である。女は最初から全き存在であるから儀礼の必要はなく、男は不完全な存在ゆえ、今生で苦行と鍛錬を重ねなければ一人前の人間にはなれないというわけである。また男性の通過儀礼は、往々にしてサンダンスのような激しい肉体的苦痛を伴うが、女の場合は出産の痛みがその義務を相殺するのである。

宗教儀式の際、生理中の女性の参加は強いタブーになっているが、その理由は生理が不浄であるからでなく、生理中の女性が常ならぬパワーを発散させ、その場のパワー・バランスを崩すからだ。生理は将来の出産可能性の証しであるゆえ、女性の生命創造力を想起させる強烈な出来事と捉えられるのだ。

女性の重要性は部族を存続させる要として認識され、神話や精神世界においてと同様、現実生活でも大いなる敬意が払われていた。家族や部族において女性は、食、住、衣という生活の基本的構成要件を取り仕切る存在だった。

ほとんどの部族で植物栽培と採集は女性の仕事だったが、多種の植物の生育に関わる女性は、おのずと植物の効用に関する知識を蓄積し、民間治療薬として植物や薬草を処方して、産婆とあわせて身近な医師の役割も果たした。住環境の整備も女性の責任であった。平原部族の住居「ティーピー」はその素材であるバッファローの解体、革鞣しから縫い合わせ、骨組みの組み立て、覆いまですべて女性の手になった。ナヴァホ族の住宅ホーガン、アパッチ族のウィキィアップも女性が作った。そしてこれらの家屋はすべて女性の持ち物となっていた。

家族の衣服も、すべて女性が作った。各部族では「お針子クラブ」と呼べるような女性の集まりが頻繁にもたれ、裁縫の腕を競い合った。ビーズ刺繍や伝統的な山あらしのハリの意匠をこらした衣類や馬の鞍、南西部部族であれば織物、土器や編み籠は、交易品として高い価値をもたらしたので、優れた技量を持つ女性は、家族の経済に大きく貢献することになった。

北東、南東、南西部諸部族はおおむね母系制で、結婚してから妻の家族、あるいはその近くで暮らすのが一般的だった。生まれた子どもも、母系の氏族に編成された。離婚も双方の申し立てが可能であり、その場合子どもは母の元に残った。住居は女性の持ち物であったから、夫が荷物をまとめて出てゆくというのが普通だったが、ティーピーの外に夫の持ち物を放り出して、離婚の意志を示す手強い妻のケースもあった。

イロコイ族やチェロキー族の各氏族には、「氏族の母」がおり、彼女らが族長を指名したり、降ろしたりする権限を持っていた。一七五七年チェロキー族の長アタクラクラがサウスカロライナの植民議会に招かれたとき、議場を見回して非常に驚いた様子だった。彼は議長に、なぜフロアに一人の女性もいないのかと訊ねたという。彼の部族では、女性が政治の場に登場し、発言をするのは当たり前のことであったからだ。ことにチェロキー族では、「最愛の女」と「戦いの女」と呼ばれる地位があり、氏族の年長の女性がその地位に就いて、一種の議会の様相を呈した。彼女たちは戦争の始まりと終わりの決断に、かなり影響を及ぼすことができ、捕虜の生殺与奪権を持っていた。

女性の中には「男女《おとこおんな》」として認められるケースもあった。ブラックフィート族の「ニナワキ」は、文字どおり「男のような女」という意味である。ピーガン族やシャイアン族には、「男の心を持つ女」がいた。ダコタ族では、男のアキチタ（戦士団）に相当するウィノクストカという女性の軍隊組織まで存在した。彼女らは男装こそしなかったが、狩りと戦いという男の領域で果敢に成果をあげ、社会的認知を得た。クロー族には、勇敢な「戦士女（ウォリアー・ウーマン）」として名をあげ、四人の「妻」を持った例が残っている。

土地の所有に関しても、先住民は西欧世界と大きく異なる。農耕部族では、土地はおおむね女性の所有であった。一九世紀の終わりに書き残された北西五部族連合の「憲法」には「女は部族の開祖である。土地も土壌も女が所有する」という一節がある。土地の所有概念は、もともと先住民にはなかった。なぜなら土地は創造主のものであり、七代後の子どもたちから借り受けているからだ。彼らの考える「所有」は、「使用」とほぼ同義であったと考えてもよい。土地の使用者、つまり女性が、具体的管理義務と土地に関するすべての責任を負うということである。

政治への参加、土地の「所有」、結婚・離婚の際の自由意志など総合的に考えると、先住民女性の地位は、西欧、東洋に比して非常に高かったと言える。性による分業、性役割は多くの部族で明瞭だったが、女性の仕事が劣っているわけでは決してない。男は女から生まれたとよく言われるように、人間の始まりであり命を産み養う存在として女性は、永遠に偉大なのである。

6

個性

「人はそれぞれの歌を持つ」

The creator gives us each a song.

人はそれぞれの歌を持っている。そしてそれは大いなる存在が、一人ひとりにくれた贈り物なのである。アメリカ先住民社会は人の個性や特質をこのように捉え、私たちの世界なら異形、常とは異なる存在として区別する人たちを、排除することがない。むしろそれらの人たちに特定の立場や役割を与えることによって、彼らを差別や偏見から守る、きわめて文明的な思想や制度を伝統的に育んできた。

その典型的な一例がベルダーシュであろう。彼らは生物学的には「男性」であるが、女装をし、女性語を使い、女性に期待された社会的役割を果たす存在である。ラコタ族のウィンクテ（Winkte）、クロー族のバテ（Bate）、モノ族のタイアプ（Tai'up）、ズニ族のラマーナ（Lhamana）、ナヴァホ族のネードル（Nadle）、アコマ族のムヘラドス（Mujerados）、バノック族のツヴァサ（Tuvasa）などが知られているが、ベルダーシュが存在したのは、文献上確認されているだけでも一一三部族を数え、範囲も全米に及ぶ。またそれぞれの部族における固有の呼称から明らかなように、ベルダーシュは女性でもなく男性でもない第三の性のジャンルを形成する、先住民特有の文化とも言える制度である。

制度としてのベルダーシュに関しては、いくつかのはたらきが考えられる。まずそれが、同性愛に社会的認知を与えるための制度であるというものである。また男性としての役割をまっとうできない男性を、部族社会における周縁化、あるいは疎外から救う救済装置としてのはたらきがある。さらにはベルダーシュを霊的な力を持つ「聖なる」存在と位置づける場合もある。多くの部族では、普通の人間と異なるものに、常ならざる力があると考え、畏敬の対象とする慣行が認められるが、ベルダーシュもその典型的対象の一つに挙げられる。いずれも「異常」ではなく「異質」な個性を認め、部族社会に受け入れて調和を保とうとする高い文明度を感じさせるものだ。こうして彼らは、男性でも女性でもない第三のジェンダーとして、部族社会で認知されていったのだ。

それではベルダーシュの認定は、どのようになされたのだろうか。スー族やシャイアン族といった平原部族において、少年は幼いころから敵対部族から馬を盗んだり、勇敢に戦う男たちを見ながら育ち、遊びの中で大人を模倣する。しかし中には「少年の遊び」に興味を示さない子どももいる。また彼の振る舞いが「女の子」らしいと判断されると、ある種試験のようなことが課される。ティーピーの中に招じ入れられた少年は、左右に分かれて置かれた肉削ぎ刀と、弓と矢のどちらかを選ぶというものだ。革鞣しに使う肉削ぎ刀は女の仕事、狩猟と戦いの必需品の弓矢は男の役割の象徴である。そこでの子どもの選択によってベルダーシュの適否が公に認められる。

この他、特定のヴィジョンを見たことによって、ベルダーシュと認められることも多かった。「啓示体験」、いわゆる夢のお告げを通じてベルダーシュになる方法である。そのようなヴィジョンの内容を明らかにした研究は非常に少ないが、オマハ族では月のスピリット、スー族では「聖なる女」や特定のバッファローのスピリットの顕現が報告されている。

ベルダーシュとして社会的認定を受けたあとは、彼らは女のジェンダー・アイデンティティを持ち、ジェンダー・ロールを担おうとする。女装をし、女性特有の挨拶、感嘆詞、接尾語を駆使して女性語を操る。またベルダーシュ同士は、お互いを「シスター」という意味の言葉で呼び合い、常日頃ジェンダー・アイデンティティを明らかにした。

ジェンダー・ロールに関しても、実際の女性以上の技量を発揮したベルダーシュは少なくない。ナヴァホ族のネードルは、ナヴァホ・ブランケットと呼ばれる羊毛の紡ぎ織り、ズニ族のラマーナやアコマ族のムヘラドスは、伝統の壺作りや籠作りに、スー族のウィンクテはビーズやヤマアラシのハリの刺繍に特別の才能を示した。ことに美術工芸品の製作に優れていたのは、自分を女性と同一視するだけでなく、より女性らしい女性として認められ、実際の女性を凌駕しようとする意欲の現れとも考えられる。また付加価値の高い交易品である美術工芸品は、生涯独身で暮らすことの多い彼らに経済的安定をもたらすものとして、その製作が励みの対象になったとも思われる。

ベルダーシュは制度としては安定したものだったが、いくつかの部族においては、その受容は両義的であったようだ。ことに男女の分業がきわめて明確な狩猟移動民社会では、ベルダーシュは侮蔑の対象となることもあった。スー族では、父親が息子を叱るとき「ウィンクテになるぞ」と言えば、十分な恥辱と恐れを子どもに吹き込むことができた。

同時にウィンクテは、「ヘヨカ」と相似する。ヘヨカは夏に冬の装束をまとったり、後ろ向きに歩いたり絶えず人と反対のことをするトリックスターである。それによってヘヨカのまわりには絶えず笑いが渦まいているが、その笑いが時として人の意識を変容させ、「気付き」に導いたり、人はヘヨカを反面教師として教訓を得たりするのである。ヘヨカやウィンクテは、嘲笑の対象でありながら、同時に「聖なる」存在として「尊敬」の対象でもあった。

ことにウィンクテは両性を持つことで、全き、完全な存在、ゆえに男女より優れた神に近い存在と見なされた。ウィンクテの聖なる仕事のひとつに「名付け」がある。男の子はウィンクテから名前をもらうと、怪我や病気から守られると信じられた。戦いや狩で男が命を落とすことの多い平原部族の中にあって、長寿を全うすることが多かったウィンクテにあやかろうと、部族が付与した役割であろう。彼らが戦いに幸運をもたらすものとして戦場によく動員されたのも、同様の「命を落とさない」連想によると思われる。

先住民社会におけるメディスンマン（シャーマン）は、おおむね男の役割とされていたが、ベルダーシュの中には予知能力を持ってメディスンマンのような役割を果たすものがいた。一八六七年、フィルカーニー砦におけるフェッターマン大尉の大敗は、ベルダーシュによって予言されていた。希有な例ではあるが、一九〇〇年頃、トラワ族では女装のシャーマンが、族長の役割も果たしたという記録もある。オグララ・ラコタ族、クロー族のベルダーシュには、戦士として実際戦争に出かけたものもいたが、そのときは、男の衣服を身にまとった。

浄化の儀式であるスウェット・ロッジは、伝統的に男女分かれて行われるが、モノ、ヨクート、バンカラシチなど少なからぬ部族で、ベルダーシュは男とともにスウェット・ロッジに入った。

このような事例は、ベルダーシュが二つの性を行き来する、トランス・ジェンダーな存在であったことを示すと同時に、部族が時に応じてジェンダー・アイデンティティやジェンダー・ロールに柔軟に対応し、それぞれの資質や個性を最大限発揮できるような場面を提供する社会であったことを示している。

人は自分の歌を、好みの音量で歌い、なおかつ諍《いさか》いは起きなかったのだ。

7

もの の所有

「贈り物は、与え尽くされて初めて本当の贈り物になる」

A gift is not a gift until it is given away.

ラコタ族には美しい習慣が残っている。それはラコタ語でウィエスペと呼ばれるギヴ・アウェイgive awayである。文字どおり持っているすべてのものを吐き出し、他の人々に与え尽くすことを意味する。

トリンギット族やハイダ族といった北西沿岸先住民の儀式でつとに有名な、「ポトラッチ」と同等視されることがあるが、それらは似て非なるものである。ポトラッチにおいても、大量の財が贈与されるが、この贈与には蕩尽《とうじん》の性格が強く、その場で物品を破壊したり、また返礼の義務を負わせたりするから、ものが行き来する双方の富の顕示になり、ひっきょう持ち物比べの様相を呈する。

ラコタのウィエスペは、いったん与えられたものに対しては、それっきり返礼の義務もないし、そもそも富の顕示といった心根から発するものではない。それはラコタの四つの美徳の一つ、「寛大」の精神から生まれたものであろう。「勇気」「知恵」「敬意」と並ぶ徳のうちでも「寛大」は、もっとも日常的に試される徳である。

寛大の美徳は、精神のみで語られるものではなく、物質に対する執着のなさ、いかに気持ちよくものを手放すかで計られる。かつてのラコタ族では、客人が来ればまず食事を勧める習慣があったが、これなどもその一例である。少し前まで日本でも、人が来れば必ずお茶をだし、食事時にかかれば食事を供することは普通だった。食べ物は、社会における基本的な交換材の一つであるし、食事を共にすることは、動物には見られない文化的行為である。共食することで相手との心的距離がぐっと縮まるから、コミュニケーションの効用もばかにならない。

貧しいながら、いまだにこの習慣を大切にするラコタ族は、食を惜しまない。夏になると各所でパウワウが催される。パウワウは、かつての戦勝の踊りがその由来とも言われているが、現在ではかなり大掛かりなダンス・コンテストとなっていて、部族民だけでなく外部からも多くの観客が訪れる。このような祭りや儀式の際は、フィードといって無料の食事が提供されるのが常だ。Feed用のテントに行けばたとえ白人の観光客にすら、参加者と隔てなくバッファローのスープとフライブレッド（揚げパン）が与えられるのには、いつも感心する。

狩猟時代には、多くの獲物を得たものが、部族に帰ってどれだけ気持ちよく人々に分け与えたかが、その人物の評価となった。古老によれば、狩人のいない家族や老人など、部族の弱者にまず分け与えたかどうかが、婿選びの基準になったともいう。また女子の初潮の儀式のおり、儀式を迎える子の祖母が、白い子牛の皮の服を作る習わしであったが、その服はまず孤児に与えられた。

ウィエスペは、こういう精神が儀式化されたものだ。昔は少年少女が無事通過儀礼を終え成人したときや、親戚の縁組みをしたとき、病が治癒したときなど、感謝の気持ちを表わすために、一緒に移動するバンドの成員それこそすべてに何らかの贈り物がなされた。

現在の貧しい保留地生活の中でも、ウィエスペの儀式の知らせによく出会う。今では子どもたちが無事大学をでたり、よい職を得たりしたとき、家族のものが蔓延するアルコール中毒から立ち直ったときなどにも行われている。ヴェトナム戦争当時は、息子が無事帰還すると必ずと言ってよいほど行われたという。

私の友人は母を亡くして一年の喪が明けたとき、故人の持ち物のすべてを与え尽くした。それは衣類、家具から、洗濯機、冷蔵庫に至るまでであった。故人の持ち物だけではなく、彼女は一年かけて、儀式用のショールや、ラコタの人に人気のある明けの明星をデザインしたスター・キルトと言われるパッチワークを自らの手でつくり、彼らにとっては値のはるペンデルトンの毛布*もそろえた。もちろんそれで彼女は素寒貧になったが、見ていて気持ちの良いくらい、彼女の表情はせいせいとしたものだった。彼女はローズバッド保留地の女性シェルターの創設者であり、保留地でもっとも尊敬を集める女性の一人である。

　銀行の残高の桁が多いことは、ラコタ社会では自慢にならない。蓄積が美徳ではないのは、彼らのかつてのライフスタイルにもよるだろう。移動型の生活で、不要な物を持ち運ぶことほど不合理なことはない。物は、要るときに消費される分だけ持っていれば、十分である。必要な物が足りないときは、お互いが融通しあう。持っている人が、持たない人に分け与え、所有の立場が逆転すれば、物の流れは単に逆となるだけだ。

　狩猟社会では、この与え合いは、ある意味で自然なことであるかもしれない。獲物の多寡は始終変わるから、今日たくさん持っていても、明日は人から貰う立場になるかもしれないのだ。「明日は、わが身」だからというプラグマティズムが、この分かち合いの根底を支えていて、物は滞りなく循環したと説明することもできる。

　だが、余剰の物を人に与えるのはそう難しいことでなくとも、自分を満たす以前に人に与える、それも、なんの見返りも期待できない人に、惜しみなく与えるという行為は、たやすいことではない。だが、それができてこそ、ラコタのウィエスペの精神を体現する人となるのだ。イタンチャン（族長）など、その典型であったろう。イタンチャンには人望の厚い人が選ばれたが、物を独占したり、ため込むようでは、人望は獲得できない。誰が困っているかに常に目を配り、そういう人にまず食料、物資を補給するのは、イタンチャンの、ほとんど義務であったらしい。イタンチャンに、金持ちはいないといわれる所以だ。

貰う側も、常にその行為に甘えているわけではない。ものに余裕ができたときは、今度は与える人になる。お返しの相手は、特定の相手である必要はさらさらない。自分が困っているとき助けられたように、そのとき困っている人を助ければよいのだ。また日本の贈答のように、もらったらすぐお返しをしなければという短いサイクルではなく、実にゆったりとした時間感覚でものが巡る。

贈り物を貰ったら、それがまた他の誰かに贈られるまでは、本当の贈り物にはならないとラコタの人は言う。自分にとって大切な物こそ、人への素晴らしい贈り物となる。

人々が常にこの心がけで生活していれば、ギヴ・アウェイの精神が生き続ければ、ものは心を乗り物に循環し、留まることがない。

品物がある限り、赤の他人であれ誰であれ、品物をもらえるのが、ギヴ・アウェイの特徴である。人は時として、昔自分がギヴ・アウェイした品物が、また自分のもとに戻ってくることを経験する。

ラコタ族の思想に「聖なる輪」というものがあるが、ものも聖なる輪を巡り巡って人々に共有され、それが必要とされている間だけ、ある地点に留まる。この循環こそが、実は人を決して飢えさせなかったラコタ流互助システムの根幹であろう。西欧が「未開」と長く呼んだ先住民の、それはきわめて高度な文明の証しと言えるに違いない。

＊インディアンの伝統的な意匠を取り入れたペンデルトン社製のカラフルな毛布は、インディアンのみならずアメリカ社会でたいへん人気がある。最近は日本でも流通している。

8

先住民の贈り物

「愛によって得られるものをなぜ暴力によって奪おうとするのか」

Why will you take by force what you may obtain by love?

アメリカ口語でイディオムになっているIndian Giverを辞書で引くと、「一度与えたものを取り戻す人、与えたもの以上の見返りを期待して贈り物をする人」と出てくる。これは先住民にとってひどく不名誉であるばかりでなく、まったく不当な名称である。

先住民の側からすれば、アメリカ人をAmerican Takerとでも呼び、辞書に「人のものをとり、決して戻さない人」とでも記したいところだろう。スー語族系のラコタ語には、白人を表わすのに「ワシチュー」という言葉がある。それは、彼らのかつての常食であるバッファロー

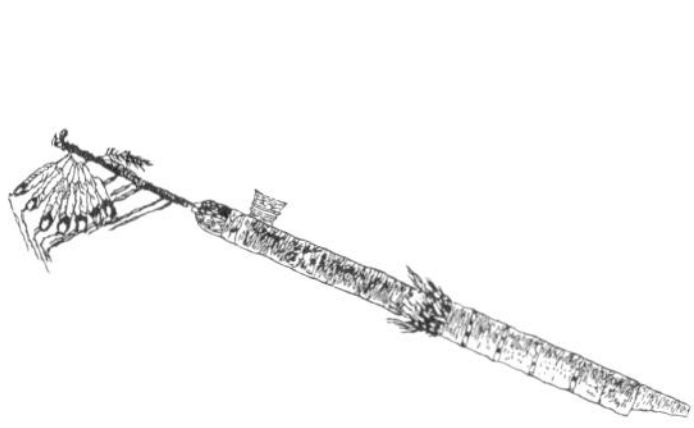

の、「一番おいしい部分を盗るもの」という意味で、こちらの方は歴史がその正しさを証明してくれそうだ。事実歴史を繙《ひもと》けば、アメリカという国が先住民からの略奪につぐ略奪から成り立ったことは明らかだ。

オクラホマ、ダコタ、カンザスといった州名がアメリカ先住民語に由来することを知るアメリカ人は意外と少ない。オクラホマはチョクトー族の言葉で「赤い人」、ダコタはスー語で「同盟」あるいは「仲間」、カンザスはスー語族系のカンザ族に由来し、それは「南の風の人」を意味する。実はアメリカ合衆国の五〇の州名のうち、南・北ダコタを別に数えれば、アメリカ先住民に由来する州名は二七にも上る（巻末「付録2」参照）。この事実は、そこが紛れもなく先住民の大地であったことの名残りであり、また証しとも言える。

州名だけではない。Caribou（ミックマック語）、Moose、Chipmunk（ともにアルゴンキン語）などの動物名、Maize（アラワク語）、Pecon、Squash（ともにアルゴンキン語）などの食物名など、アメリカの日常生活にとけ込み英語と区別のつかないアメリカ・インディアン諸語も多い。

英語化したものに限らず、「新大陸」にやってきた初期入植者は、先住民の食物から多大な恩恵を被った。トマト、トウモロコシ、カボチャの食用と栽培は、先住民から学んだものであり、それら食物が、恒常的飢餓状態にあった植民団の命を名実ともに救った。毎年一一月の第四木曜日の感謝祭（Thanksgiving Day）は、メイフラワー号でやってきた清教徒たちが、初めての収穫を神に感謝したのがその始まりとされる。この日の食卓の定番は、七面鳥のロースト、コーンブレッド、パンプキンパイだが、それらはみな先住民の贈り物であった。七面鳥は、一六二一年の初めての収穫の宴に招かれたワンパノアグ族の長、マサソイトが手に携えてきたのが、この食習慣の始まりだと伝えられている。

新大陸原産のジャガイモは、ヨーロッパの食料事情も画期的に向上させた。フランスの文明史家フェルナン・ブローデルは、ジャガイモを「奇跡の作物」と呼んでいるが、単位面積当たりの栄養生産量が大きく、手間もかからず、寒冷の痩せた土地に強いジャガイモが、ヨーロッパを飢餓から救った。そのおかげで急激に増加した人口が、産業革命を可能にしたとすら言われる。一五〇〇年前のアイルランド成人男子は、一日に七キロものジャガイモを食べていた記録がある。ちなみに、一八四七年から一八五四年のアイルランド移民のアメリカへの大量流入は、一八四五年に起きたジャガイモ飢饉が原因であることはよく知られている。一六世紀後半、伝説ではウォルター・ローリー卿が、カリブ海からイギリスに帰る途中アイルランドにもたらしたとされるジャガイモは、一七世紀の末までには、アイルランドの主要食物となっていたのだ。

このほか、豆は肉に変わるタンパク質を欧米社会に供給し、アフリカではピーナッツがタンパク摂取量を増やした。また大草原地方起源のヒマワリが大量の油を供給するなど、ほとんど食料革命と呼べるほどの変化は、すべて南北アメリカの先住民を淵源としている。

アメリカ先住民は「薬理学の専門家」でもあった。マラリアの特効薬キニーネ、アメーバー赤痢に効く吐根、麻酔薬のもととなったコカを始め、下剤、解熱剤、筋肉弛緩剤となる薬草の薬効知識、治療法も先住民から学んだものが数多くある。この四〇〇年、インディアンが使ったことのない薬草は、発見されていないと言う植物学者さえいる。

先住民文化のアメリカを含む世界への貢献は、食料や薬草に留まらない。"Why will you take by force what you may obtain by love?"は、イギリスの最初のコロニー、ジェームスタウンの入植者が、先住民から食物を強奪しようとしたとき、ポーハタン連合の長ポーハタンが言った言葉だとされる。だが彼の植民地への最大のプレゼントは、なんといってもタバコであったろう。

ポーハタンの娘ポカホンタスと結婚したジョン・ロルフは、先住民からタバコの栽培を習い、プランテーション事業に成功する。やがてヨーロッパに紹介され、喫煙習慣が急速に広まると、タバコは貴重な輸出産品として、ヴァージニアに多大な富をもたらした。ヴァージニアが蓄積した富なしには、独立革命も危うかったと言われるほどだ。

その独立革命で活躍したベンジャミン・フランクリンは、いち早く先住民社会の民主的政治制度を認めていた。彼は、革命に先立つ一七五〇年代に、ペンシルヴェニア・コロニーのインディアン対策局長として、イロコイ連合の洗練された議会制民主主義のシステムを、深く知るようになった。

イロコイ連合は、ロングフェローの詩で知られた伝説的英雄、ハイアワサによって一四世紀前後に結集された東北部インディアン五部族の政治的連合である。モホーク、オノンダガ、セネカ、オネイダ、カユガの五部族が人口比に応じてサッチャム（部族内では部族長を指す）と呼ばれる代議員を出し、総勢五〇名からなるGrand Councilを召集して、同盟、戦争、領土等の重要案件を決した。決議は多数決によらず、全会一致を見るまで議論されるのが、その特徴であった。

フランクリンを始めとする合衆国憲法の草案者たちは、イロコイ連合の政治制度をモデルに、合衆国の統治形態を考案したとされる。イロコイ連合の統治の仕組みが、「各邦の主権を尊重しつつ強力に連合する連邦制度」と、「各邦から選挙で選ばれた者が連邦議会を構成する選挙制度」という、合衆国の政治形態を特徴づける二つの原理原則のモデルとなった。今や英語化しているCaucus（政党幹部会）が実はイロコイ語に由来することは、先住民文化の根強い影響を思わせて興味深い。

先住民の「平等社会」が、ヨーロッパの啓蒙思想家に与えた影響もある。モンテーニュは、一五六二年、ルーアンにおいて「新大陸」から連れ帰られた先住民と直接問答し、彼の『エセー』の三一章、「食人種について」を書いた。おどろおどろしい標題とは裏腹に、彼は先住民社会を「自然法に基づく、支配者も強制労働も貧富の差も、世襲制もない平等な理想社会」と賛美している。同様にルソーも『人間不平等起源論』の中で、富の遍在と不平等が巣くうヨーロッパ社会の対極として、「自由で平等」なインディアン社会を描く。イギリスではトーマス・モアが、金銭の介在しないインディアンの非階級社会に想を得て、『ユートピア』を著す。彼らの過剰な理想化を認めるとしても、先住民の「平等社会」が、当時の進歩的ヨーロッパ人に与えた思想的インパクトははかり知れない。

真のGiverとしてのインディアンが歴史の中でもっと評価されるべきだろう。

9

血縁も種族も超えた繋がり

「私に繋がるすべてのもの」

All My Relations

サウスダコタ州のラコタ・スー族保留地に行くと、頻繁に耳にする言葉がある。それが「ミタクエオヤシン」である。ミ・タクエ・オヤシンは、ミ「私の」、タクエ「親戚、繋がるもの」、オヤシン「すべて」、の三つの単語が繋がったもので、「すべての私の親族」、「私に繋がるすべてのもの」という意味になる。それは、ラコタの思想をもっとも端的に表わすフレーズである。

親族は通常、血縁で繋がれているものを指すが、ラコタでいう繋がりは、血縁を指すばかり

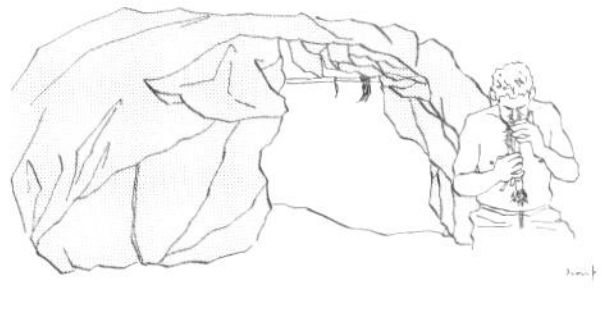

ではない。血縁を超えてすべての人は繋がっているという認識こそ、このフレーズの真の意味である。この言葉は祈りの最後に必ず発せられる。その意味で、キリスト教の「アーメン」と似ている。「アーメン」がヘブライ語で「真理」を意味し、英語でSo be it「かくあらせ賜え」の意味で使われるように、すべての命は繋がっているという認識こそ、ラコタ思想の究極の真理であり、その認識を口頭で発して常に人の意識にのぼらせ、覚醒を促す役割を、この言葉は果たしている。

宗教的祈りの締めくくりばかりではない。スウェット・ロッジ（浄化の儀式を行う円形テント）に入るとき、出るとき、この言葉は必ず発せられる。食事に対する感謝の言葉の後、また会合の始まりや締めくくりの挨拶の後にも、頻繁に聞かれる。部族議会のような近代的政治システムの中でも、この言葉が忘れられることはない。

自分は一人では生きていない。すべてのものの繋がる生命連鎖の輪の中の、一つの存在でしかない。すべてのものは人間ばかりではない。動物も、植物も、山や川も、宇宙のすべてである。それらのもののお陰で自分が生かされ、また自分はそれらのもののために生きる、そのことの誓いの言葉が、「ミタクエオヤシン」All My Relationsなのである。

「ティオシパエ」は、このような思想が生み出したシステムのようにも思える。ラコタ語で、ティは「住むこと」、オシパエは「グループ、仲間」を指すから、「一緒に住む仲間」ということになるが、これが英語では「拡大家族」と訳される。もともと血縁が基本で、親戚が一つの家族に収まったものとまず考えておこう。

私があるティオシパエに生まれたとする。生みの親が私の父、母だが、私は父親の兄弟も父と呼び、母親の姉妹も母と呼ぶ。つまり、日本で言う「叔父さん」「叔母さん」が、私の父、母に加わる。また、母親の姉妹に夫がいれば、その人たちも私の父となる。対称的に、父親の兄弟が配偶者を持てば、彼女たちも母と呼ぶ。

その範疇に入らない、母親の兄弟と、父親の姉妹の夫たちが、そのまま叔父と呼ばれ、父親の姉妹と、母親の兄弟の妻たちが、叔母になる。

自分が父、母と呼ぶ人の子どもすべては兄弟であり、叔父、叔母と呼ぶ人の子どもたちが、我々の親族呼称と同様、いとこである。加えて生物学的祖父母のみならず、祖父母の兄弟姉妹、そしていとこまでも、「おじいさん」、「おばあさん」と呼ぶ。

私は、複数の父母を持ち、非常に多くの兄弟と祖父母に恵まれるわけだ。私が成人して自分の子を持てば、彼ら以外にも多くの子に恵まれるだろう。私に姉妹が多く、夫に兄弟が多ければ、自ずとそうなる。単に呼称の問題だけでなく、私はすべての子どもたちに対して責任を持つ。

さらにティオシパエは血の繋がらない他人と兄弟の契りを結んだり、養子縁組することによってさらに拡大してゆく。最近では、彼らの思想の良き理解者であり、また儀式に参加するような特別な縁が生じた非インディアンのアメリカ人、ヨーロッパ人やアジア人なども、ティオシパエに招かれることが多くなった。その際には、必ず「フンカ」という契りの儀式が行われることになっている。フンカを通じて私が先住民女性と姉妹の契りを結んだら、彼女の子どもたちは私を母と呼ぶから、彼らにたいしては母としての責任が生じる。

ラコタは、元来孤児がいない社会と言われるが、このティオシパエのシステムが、まさにそれを保障してきたわけだ。繋がりを社会の基本におく思想が実体化したこの互助システムは、高度に精神的でありながら、きわめて合理的な性格を有している。

この繋がりは、もちろん人間同士にだけ存在するものではない。ラコタ・スー族ばかりでなく、先住民社会全般にわたって、汎神論的世界観が広く受け入れられているが、そこでは生きとし生けるもの、あるいは西欧社会で無生物だと考えられている石や山や川にも、スピリットが宿っている。命の価値や重さはひとしなみであり、何ものをも軽視してはならない。

ラコタ語で種族を表わすのに、「オヤテ」という言葉がある（英語ではネーションと訳される）が、人間が属する二本足オヤテ同様、四本足オヤテや、羽根オヤテが繋がって共存する社会がある。そこで傲慢になりがちな人間は、ことに自戒しなければいけない。そのために語り伝えられる戒めの物語がある。

かつて、生きとし生けるものは互いを尊重しあい仲良く暮らしていた。ところが二本足の人間たちがだんだん欲張りとなり、自然の規則を破って、みなの調和を乱すようになった。

ある日、カササギが小さな茂みに降り立つと、四本足のものと、這うもの、植物たちが、茂みの向こうに集まっていた。その中でバッファローが、聴衆に向かって二本足の追放を訴えている。みなはバッファローの話にうなずきあい、さっそく二本足を追放する方法を相談し始めた。カササギは気づかれないよう、そっとそこを飛び立った。

カササギはすぐに翼あるものたちを召集して、彼がいましがた聞いてきたことをみなに伝えた。四本足たちの意見はもっともで、自分たちもそこに加わるべきだと、何人かが発言した。それまで黙って聞いていたフクロウが、静かに話し始めた。

「君たち、熊のことを忘れてはいけないよ。大地の子どもたちのうちで、もっとも知恵あるもの、知恵の象徴である熊は、二本足なのだ。知恵なくして、われわれはどんな良い暮らしができるのかね。第一この知恵が、二本足を含むすべてのものたちが再び仲良く暮らす方法を示してくれるはずだ」

フクロウの言うとおりだった。翼あるものたちは、みなフクロウの意見に従うことにした。

そこで二本足を除くものたちが集まって、その処遇を競争によって決めることにした。四本足連合が勝てば二本足は追放され、翼あるものたちが勝てば命を長らえる。勝者は、聖地ブラック・ヒルズを一番早く四周したものである。

レースは過酷だった。四本足の蹄は割れ、地面に血の跡を残した。四周目に差しかかったときには、すでに多くのものが脱落していた。カササギはみなに追い抜かれながら、親切な鹿に助けられたりしてレースに踏みとどまっていた。決勝地点が近づいた。先頭を走っているのは、バッファローだった。カササギは最後の力をふりしぼって、バッファローの背中に飛び乗った。そして、ゴールの瞬間に飛び出して、勝利を収めた。

人間がこうしてこの世にいられるのは、だからカササギのお陰なのである。

（この話の詳細は第2部11話参照）

10

夢の啓示

「夢は人より賢い」

Dreams are wiser than men.

アメリカ先住民は「夢見」を大変重要に考えている。夢に現われるものは、なんらかの啓示だと考えるからだ。かつての戦闘社会において、戦い前夜の夢見が悪かったりしたら、戦士は迷わず戦場にゆくのをやめた。他の戦士たちも、そんな戦士が戦列に交じると戦いに不吉を呼び込むと考え、彼の不参加をむしろ歓迎した。

戦士たちは夢の啓示によって、自分を守ってくれる護符を見つけた。それらの護符は――必ずしも目に見えるものばかりではない――、先住民文化では「メディスン」と呼ばれ、人はそ

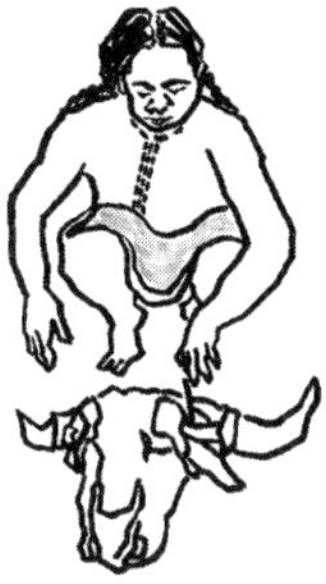

れぞれ異なるメディスンを持っていた。命を張って戦う戦士たちにとって、メディスンはことに貴重なものだった。

スー族の伝説的勇士に、クレイジー・ホースがいる。彼は、先住民対合衆国の戦いで、先住民の最後の勝利となったリトル・ビッグホーンの戦いの戦頭であった。その地で、南北戦争の国民的英雄であったカスター中佐率いる第七騎兵隊を殲滅したことでも、クレイジー・ホースは有名になった。

彼のメディスンは、何の変哲もない小石だった。彼はそれを常に耳の後ろに挟んでいた。そのメディスンは、白人の弾丸から彼を守るというものだった。それを証明するため、弾丸飛び交う前線を、馬で駆け抜けてみせたこともある。実際弾丸は、一つとして彼をかすめもしなかった。クレイジー・ホースは戦いの翌年、ロビンソン砦で銃剣で刺されて死んだ。白人に殺されはしたが銃弾ではなかったと、今でもスーの人々は彼のメディスンの効果を信じる。

啓示は、身を守るための禁忌を教えてくれることもある。クレイジー・ホースとほぼ同時代人であるサザン・シャイアン族の勇将、ローマン・ノーズは、鉄で調理したものを食べない限り、銃弾にあたらないという啓示を得ていた。スー族と連合して戦いに備えて野営していたとき、スー族の女性が鉄フォークを使って揚げたパンを、知らずに食べてしまった。その日の戦いでローマン・ノーズは白人の弾にあたって命を落とした。

夢はメディスンばかりでなく、その人のゆくべき道、未来のあり方を示してくれることから、ヴィジョンと呼ばれることが多い。先住民社会に特徴的なメディスンマンの存在も、ヴィジョンなくしては語れない。

メディスンマンは、伝統の儀式の執行に関わり、病人を治癒したりまた相談者に指針を与えるなど、先住民精神文化伝承の要になる人物である。彼らはそう呼ばれるくらいだから、さまざまなメディスンを持っていて人を癒すわけだが、彼らのメディスンの大本は、大いなる存在、ワカンタンカとの交信ができることにある。ワカンタンカが教えてくれるメディスンを、それぞれの人に処方したり、人びとの夢を解釈してメディスンを教えたりするのだ。

メディスンマンになる人は、特定のヴィジョンを見ると言われる。それは夜の夢に現われることもあるが、白昼夢とも現実とも区別できないヴィジョンとしてたち現われることもある。二〇世紀まで生きた著名なメディスンマン、ブラック・エルクの回想（『ブラック・エルクは語る』）によれば、彼のヴィジョンは少年のころ、昏睡状態中に現れた。まず彼の意識は中空にのぼり、彼の住んでいたキャンプを俯瞰する。あたかも遊体離脱感覚である。それから天空で、四方から一二頭ずつ色とりどりの馬が現われ、その馬たちが突然バッファローやエルク、あらゆる種類の四本足や鳥に姿を変える。その後六人の老人が現われたり、四方から地上のどんな女より美しい乙女が現われ、水を満たした杯やパイプをブラック・エルクに授けたりする。

美しい歌声にあわせてすべてのものが踊ると、雲が流れ、恵みの雨が降り、虹がかかる。この一大スペクタクルの場面と場面の間に、明確な脈絡があるわけではないし、九歳の少年がそれぞれの意味を知るはずもない。

このヴィジョンに解釈を与えるのは、メディスンマンである。四（東西南北）と六（プラス天地）という数字に込められた神聖性、老人の象徴性、生命の象徴である水を満たした杯と聖なるパイプが示す役割、美に満たされているべきこの世のあるべき姿を読み解くメディスンマンが、ブラック・エルクもまた、将来メディスンマンになるべき運命にあることを、諭すのだ。

メディスンマンは楽な役割ではない。自分を度外視して、部族や他者のために人生を送らねばならないからだ。人々の尊敬は集まるが、私生活はないに等しい。無報酬が建て前だから、経済的豊かさとも無縁だ。だから誰しもが、メディスンマンになりたいわけではない。だがヴィジョンの啓示によって、なるべき宿命を認識しながら忌避すると、必ず禍事が起きると言われている。

自分の人生の進路や、そこにおける使命を教えてくれるヴィジョンは、先住民文化にあってはことに重要なものである。ヴィジョンが睡眠中の夢の中、白昼夢、昏睡などの無意識状態のいずれにも現われなければ、人は自らそれを求めて魂の旅にでる。それが儀式化したものが、スー族のハンブレチヤである。

　ハンブレチヤは、サンダンスと並ぶ象徴的な儀式で、サンダンス同様、四日間飲まず食わずでひたすらヴィジョンを求めて、聖なる場所へ籠る。ハンブレチヤの意味が、「ヴィジョンを求めて泣く」ということからも、その性格が知れる。飢えと渇きの、肉体的な極限状態をワカンタンカに捧げ、助力を乞うのは、サンダンスと共通している。

　日常会話では、ハンブレチヤは、「丘の上にゆく」とよく表現される。聖なる祈りの場所は、メディスンマンが指定する人里離れた山奥が多い。素っ裸の行者が携えてゆくのは、バッファローの毛皮（今では毛布で代用されることが多い）、パイプとガラガラだけである。ガラガラは祈りの歌を歌うとき鳴らされるし、パイプは祈りを捧げるときなくてはならない動く祭壇である。辛いときは、しっかりとパイプを握れば、パイプが彼を守ってくれるという。

　飢えや渇きも辛いらしいが、最大の敵は、孤独感である。夜の山中はまた、不気味でもある。コヨーテの鳴き声が間近に聞こえるし、自分が人生で避け続けてきた物事や人が、おぞましい幻影となって襲ってきたりする。それらのものを受け入れ、乗り越える勇気が、試される。

　ヴィジョンの内容は、メディスンマンにしか語られない秘密であるが、動物が目前までやってきて話しかけ、その人のメディスンを教えてくれたり、亡くなった近親者が現われて、生前の時間にトリップすることが多いらしい。実際彼らからそのとき貰ったものを持ち帰る行者もいる。

　経験者によれば、いずれの場面も非常にリアルで、とても夢や幻影とは思えないという。その内容によっては、喜ばしくない責任を課されることもある。たとえばヴィジョンに雷を見たものは、一生ヘヨカ（絶えず人と反対のことをするトリックスター）を務めなければならなくなる。人はヴィジョンを選ぶことはできない。ワカンタンカが送るヴィジョンが、人を選ぶのだ。

11

自然観

「空気をどうやって売るのか？」

How can you sell the air?

一九九一年九月から一九九二年一月まで、一冊の絵本がニューヨーク・タイムズのノンフィクション部門のベストセラーを続けた。*Brother Eagle, Sister Sky—a Message from Chief Seattle* がそれである。タイトルにあるチーフ・シアトルは、現在のワシントン州にかつて住んでいたスクワミシュ・ドワミシュ族の長であり、この本は彼のスピーチが底本となっていた。その後すでに、当時副大統領のアル・ゴアが、著書『地球の掟』の中でそのスピーチを引用したこともあり、チーフ・シアトルは、一躍脚光をあびることになる。

実はシアトルのスピーチと言われるものは、いくつも存在する。もっとも古いものは、一八八七年一〇月二九日、彼の名を冠する町シアトルの地方紙『シアトル・サンデイ・スター』に掲載されたもので、これは医師ヘンリー・A・スミスによって書かれたものである。

それから八〇年以上が経過した一九七〇年四月二二日、初めての「地球の日」に、テキサス大学のキャンパスで、詩人で古典学者のウィリアム・アロースミスが「シアトルのスピーチ」を朗読した。それはスミス版を彼流に翻案したものである。その「地球の日」の催しにフレッド・ペリーという映像学を教える若い教師が参加していて、アロースミスの朗読に感激した。サザン・バプテスト・コンベンションがペリーに環境汚染のドキュメンタリーの脚本依頼をしたとき、彼は迷わず「シアトルのスピーチ」を使うことにした。その後脚本がABCで「ホーム」というドキュメンタリーとして流され、シアトル・ブームに火がつくことになる。さらに脚本のスピーチが「シアトルからピアス大統領への手紙」として*Environmental Magazine*に載り、これがエコロジストたちのバイブルとなって、チーフ・シアトルは環境保護の先駆者として奉られることになった。

このブームでワシントン州のシアトル市が、実は先住民の族長の名前からとられたものであることを知ったアメリカ人も多い。シアトル族長も他の多くの先住民部族と同様、祖先墳墓の地である現在のシアトル市周辺を、白人の圧力によって手放さなければならなかったのだ。その割譲交渉の席上で、ワシントン・テリトリーの知事、アイザック・スティーブンスに言った言葉が、「シアトルのスピーチ」となった。先に触れたようにいくつかのヴァージョンが存在するが、いずれも先住民の指導者に伝統的に期待される雄弁を、十分に伝えるものだ。そこには己れを育んでくれた自然に対する感謝と敬意、祖先の魂と祖先墳墓の地への哀惜、そして白人たちの横暴に対する一種の諦観が流れている。

その一節にあるのがHow can you sell the air? である。土地を売れという合衆国にシアトルは答える。

「どうすれば空気を売ったり買ったりできるのか? 大地の温《ぬく》もりは売ったり買ったりできるものなのか? 私にはおよそ理解できない。この甘い空気も湧きあがる泉も、もともと私たちのものでないとしたら、どうやってそれを買うというのか」

ここにはアメリカ先住民の自然観が、余すところなく表われている。それはシアトルに限らず、どの部族の伝統にも共通するものである。まず先住民には、土地を所有する概念が乏しかった。狩猟採集を生業とする移動型の平原インディアンはなおさらだが、農耕定住をする南西部や東北部の諸部族の間でも、所有という概念は馴染まなかった。畑は共同で耕し栽培し収穫するのが一般的で、強いて言えば部族の共有財産である。

母系性社会では、農耕地は女性の所有のように書かれているが、女性が管理責任を負ったと考えるほうが実態に即する。女性管理者から次世代に引き継がれていったが、売買は前提とされていない。だから白人入植者がやってきて、耕作地に柵を作るのを見て、先住民はその意味を理解しなかった。

土地は彼らにとって聖なるものである。なぜならそれは、自分たちの命を育んでくれるものだからだ。それなしに自分たちの生は成立しない。白人社会の価値というのは、売買や交換を前提にしているが、先住民社会であえて価値をつければ、換算できない魂の価値となる。母から娘に引き継がれるのは、その土地に生き続ける祖先の魂と、土地にまつわる氏族の始祖の物語を引き継ぐのに、娘がもっとも適しているからである。女は戦いで命を落とすことも少なく、同時に一族の命を繋ぐものであるからだ。また多くの先住民社会では、大地は七世代後の子孫から借り受けているという考えがある。だから大地を傷つけることなく、欠けさせることなく守ってゆくのだ。

土地だけでなく、自然のすべてに聖なるスピリットが宿っている。人間は自然界を支配しているのではなく、その一部にすぎない。自然と人間の関係は、西欧世界のそれとは大きく異なっている。聖書の「創世記」では、神が自分の形に人を創造したあと、人間に言う。「産めよ、増えよ、地に満ちて地を従わせよ。海の魚、空の鳥、地の上を這う生き物をすべて支配せよ」

人間は生きものの王として、地上に君臨し、己れの繁栄のために他のものを従わせること、自然に手を加えることを始めから許された存在である。ここには、人間を世界の頂点としたヒエラルキーがある。

先住民の自然観に目を向ければ、人間は、大宇宙の生命連鎖の円環に位置する一つの生きものにすぎない。太陽があり、水があり、大地があり、植物があり、動物がおり、それらがみな繋がりながら、お互いを支え合っているからこそ、世界に絶妙な調和が保たれていると彼らは考える。

ラコタ語には、この関係をよく表わす「オヤテ」という言葉がある。四本足の仲間では、バッファローのオヤテ、シカのオヤテ、翼をもつものなら、イーグル・オヤテ、フクロウ・オヤテというようにそれぞれが平等に共存している。またオヤテは、それぞれが個別のメディスンを持っている。

メディスンとは自分と他者を癒し、かつ力を与えるエネルギーである。かつてバッファローが生活のすべてを供給したラコタ族にとっては、バッファローが最高のメディスンであった。また個々の人間も、異なったメディスンを持っている。ある人が「優しさ」というメディスンを持てば、他の人は「強さ」というメディスンに恵まれている。メディスンはお互いを相補って世界に調和をもたらす。

先住民は、私たちの生命は多様な生物の生命連鎖の中でのみ可能であることを、早くから知っていた。生命連鎖の円環では、そこに連なる一人でも欠ければ、環がちぎれる。他が生きなければ、自分もまた生きられないのだ。

ラコタ族の神話には、この円環に連なっているはずの人間が思い上がり、他の生物の存在を顧みなかったため、怒った創造主が、この世を人間の住めない場所にしたというものがある。彼らの予言によれば、今まさに同じことが起きようとしている。彼らの世界の比喩であるバッファローは、すべての毛が抜け落ちて、今や一本足で辛うじて立っているという。バッファローが倒れる前に、人間は自分の本来のメディスンに目覚めなければならない。

12

沈黙と雄弁

「真実を語るのに多くの言葉はいらない」

It does not require many words to speak truth.

沈黙に価値をおく文化は多い。日本にもかつては、言揚げしない美学というものがあった。若い世代は知らないが、少なくとも団塊の世代までは、フェミニストがまなじりをつり上げそうな「男は黙ってサッポロビール」の宣伝に、当時は何の違和感も感じなかった人も多い。いちいち言われなくても、「おもんぱかる」ことができるのが、大人の成熟と心の深さを示していた。

「不言実行」というのも、また価値高い信条だった。『ラスト サムライ』からちょっとした

「武士道ブーム」が起きているが、武士たるもの、言葉はかみ殺して、決然と行動してこそ初めてその名に値した。「有言不実行」は政治家の専売特許となっているが、自分も含めて昨今は、それを恥ずかしいと思う感性も薄らいでいる気がする。しかし毎年暮になると、放映されないことはない「忠臣蔵」と大石内蔵助の根強い人気を見ると、この美意識はまんざら死滅したものでもなさそうだ。なにしろ彼は、家族にすら秘めた決意を、断固実行する人であるのだから。

大石内蔵助は、アメリカ先住民社会でも高く評価されるような人物だ。多言や饒舌が敬われることは、かつての日本社会がそうであったようにまずないと言える。多言を弄する人間は、実行がともなわないことが多いからだ。彼らの子育ては、子どもの自主性を尊重するのが常だが、話すことに関しては、まずは聞くことの大切さを教えようとする。今でも年長者との会話で、若者が先に口を開くのは、良いマナーだとは考えられていない。子どもたちは耳を澄ませて、良い言葉を身につけるものだ。

喋らないことは悪いことではなくても、喋れないことが良いことだとは、決して考えられていなかった。話さなければならない時には、簡潔に要点をついた話し方が望ましい。ことに族長となるような人物は、雄弁の素質を持っていなければ務まらない。実際、歴史上名チーフと言われた人々の雄弁は、驚くほどだ。

ジェファソン大統領のジョン・アダムス宛の手紙の中に、インディアンの思い出を語っている箇所がある。ジェファソンの父をたびたび訪ねていたチェロキー族のチーフ、オータセットのことである。オータセットが英国へ旅立つ前夜、少年ジェファソンは、部族民を前に偉大なチーフが「別れの辞」をのべる場面に居合わせた。「彼の響きわたるような声、はっきりとした語調、生き生きとした身ぶり、聴衆の荘厳なまでの静けさ、私はチーフの言葉の一言も理解しなかったが、彼のスピーチの素晴らしさに畏敬の念を覚えた」と述懐している。

It does not require many words to speak truth. が伝えるように、雄弁の要件はまず簡潔で核心をついていることである。歴史上のチーフたちの言葉にその例を見つけるのは、決して困難ではない。

　彼らの言辞が残されているのは、白人との接触の際、白人側が書き残したからだ。敵のおかげで今に読み継がれ語り継がれていることは、皮肉と言えば皮肉だが、彼らの言葉がそれだけ説得力を持って敵の胸をついたからに違いない。

　ことに一九世紀中葉からの合衆国の平原インディアン征伐の過程では、両者の間で戦いと交渉が繰り返された。その中のいくつかの言葉を拾ってみよう。

　ある平原インディアンのチーフは言う。

「白人は自由と正義は万人のものだと言う。だがわれわれは、自由と正義を持ったがゆえに絶滅の危機に曝《さら》されている。彼の言葉は風に舞う塵にすぎない」

「自由と正義」を守る世界の警察国家たるアメリカの姿が、一五〇年前にすでに予告されている。独立宣言で謳われた万人の権利としての自由、平等、幸福の追求に、アフリカン・アメリカンやネイティヴ・アメリカンが含まれていないことを、このチーフは見事に指摘している。

平原インディアン制圧後、一九三〇年代まで、合衆国の対インディアン政策の基調は、彼らをいかにアメリカ的価値に同化させるかということだった。彼らの「蛮習」を止めさせ「文明化」するためには、彼らをキリスト教化することが一番の早道だと考えた政府は、保留地をキリスト教各派に開放した。それに対するネズ・パース族の長、ジョセフの反応である。

「教会は要らない。それは神について喧嘩することしか教えない。ちょうどカトリックとプロテスタントのように」

キリスト教と自分たちの信仰の違いを次のように表現したチーフもいた。

「あなた方の信仰は、神の鉄の爪によって、石に刻まれるがゆえに忘れられることはないが、私たちの信仰は父祖が残したものであり、心に刻まれるがゆえに忘れられることがない」

同化政策のもう一方の柱は、狩猟移動生活者を、定住農耕民に変えることだった。本書に何度か登場したラコタ・スー族のシッティング・ブルは、平原インディアンの抵抗のイコンだが、最後まで先住民としての生き方を貫こうとした。

「私は、勇者の肩に水桶を担がせたり、肥樽を引かせたりするものと、何の関わりも持ちたくない」。また別のところでは実に簡潔にこう言っている。「ワシがカラスになる必要はない」

さらに簡潔だったのは、ショショーニ族のワシュケである。シッティング・ブルが今でもラコタ・スー族の絶大な尊敬を集めているように、ワイオミングのウィンド・リヴァー保留地にゆくと、首都のワシュケ砦で迎えてくれるのは、堂々たるワシュケの銅像である。彼らを農民にするため、ドーズ一般土地割当法が施行されるとき、長々と説明を続けるインディアン局役人に、ワシュケは一言、しかしゆったりと放った。「ジャガイモの馬鹿野郎」

白人の文明批評にも的を得ているものが多い。「白人の状態を考えれば考えるほど、私の意見はますますはっきりしてきた。彼らの言うところの文明社会の法と規則に従うことによって、彼らは得るのではなく、多くを失っている」

実際、「文明生活」のために白人が失った最大のものは「自然」である。アメリカの開拓の歴史は、自然破壊の歴史でもあったわけだが、先住民は遠い昔にこう警告している。

「この土地の最後のバッファローが殺され、最後の魚がとられ、最後の森がなくなり、最後の川が毒されたとき、お金は食べられないということがわかるだろう」

The song is very short because we understand so much.（分かっているのだから歌は短かく

ていい）は同様に、真実は核心をつくという教えである。歌は先住民にとって「祈り」のようなものだから、ことに要点が詰まっている。
二つほど紹介しよう。

「好天を望む歌」
太陽よ登れ、日に輝く大地があらわれるよう。
月よ登れ、月光に輝く大地があらわれるよう。

「自信の歌」
誰の心にも頼らない。
自分の心だけ
そう思い
馬を探す。

必然がなければ、敢えてものを言うことはない。ただし、口を開く時には、
Stand in the light when you want to speak out.（明るいところで話せ）

13
もてなしの精神

「客はつねに疲れ、凍え、空腹なのだと思ってもてなせ」

Always assume your guest is tired, cold, and hungry, and act accordingly.

ラコタ・スー族は今でも寛大、勇気、敬意、知恵という四つの美徳を大切にしている。今回のテーマであるおもてなしの精神は、最初の徳である寛大に由来するものだ。彼らにとって精神の寛大と物質に対する寛大は同義だから、人には限りなくおおらかに、物には執着しないことを旨とする。心の広い人は、決して物惜しみなどしないのだ。物を与えるにしても、どうでもいいものではなく、自分にとって大切なものを、どれだけ気持ちよく手放せるかで、人の価値が決まる。

ラコタの社会では「ケチ」といわれるのは、「泥棒」や時として「人殺し」と呼ばれる以上の侮辱であるらしい。こういう社会では、安易に人の持ち物を褒めることは、慎んだほうがよさそうだ。ラコタの友人がこっそり話してくれたことだが、彼女は身に着けていた儀式用のショールをひどく称賛されて、「気前良く」与えたのだが、それは実は断腸の思いであったという。ショールは親しかった叔母の大切な形見のものだったのだ。同じ価値が共有されていれば、そこにはおのずと「慎み」も生じるが、遠来の客人にもこういう「おもてなし」が発揮されるほど、気前の良さが尊ばれてきた。

伝統の着物や装飾品は価値あるものだが、人間が生きていくにあたって、不可欠に重要なものは、食べ物である。かつてのラコタ族の生存は、狩の獲物の有無にかかっていた。バッファロー狩の首尾は、技術の巧拙と運に大きく左右される。獲物の多い家族もあれば、飢える家族も出てくる。また戦いによって男たちを失った家族や、年寄り所帯もある。狩から戻ったハンターたちが、キャンプに戻ってきてまずしたことは、そういう人たちにバッファローの肉を分け与えることだったという。

ことに老人には、バッファローの上肉の部分が与えられた。大切な食の分配の際の気前の良さを、親たちは娘の婿選びの一番の判断材料にしたと言われる。

彼らがまだティーピーで生活していたころ、よそのティーピーを訪れると、まずバッファローの干し肉などの食べ物が出されたというが、伝統的な家庭では今でもこの風習が残っている。のべつ食べ物が出されるわけではないが、食事時にかかれば、必ず食事が供されるだろう。かつての日本でも見られた習慣だ。

レストランなど、テイクアウトを含めて数軒しかない保留地でフィールドワークするとき、私もこの美習の恩恵に大いに与ったものだ。ラコタ語の「ティオレ」という言葉を教えてくれたのは、幾度となく食事を作ってくれたシャーロット・ブラック・エルク女史である。彼女はラコタの伝説のメディスンマン、ブラック・エルクの曾孫であり、ラコタ文化の有力な継承者であるが、彼女によれば、ティオレは食事時に必ず現われる人という意味である。

彼女が私をそう呼んでからかったように、その言葉には親愛の情こそあれ、何の侮蔑も含まれていない。もちろん言葉が生まれた背景には、食事を狙って人を訪れる種類の人間が現実に存在したことがあるのだが、それも十分承知したうえで、人を拒まない懐の深さが感じられる。からかい交じりのユーモアで、居心地を良くしてくれる人間の温かさが、その言葉にはある。

ラコタ族だけではなく、多くの先住民社会に残るもてなしの精神は、ナヴァホ族の格言、Always assume your guest is tired, cold, and hungry, and act accordingly. によく表われている。

もてなしの基本は「共に食べる」ということであるが、共食をするということは、人間にきわめて特徴的な行為なのである。アフリカのサバンナなどで、肉食獣が獲物に群がって食べているのは、食物を分かち合っているわけではない。彼らは単に早い者勝ちに貪っているにすぎない。

日本語でも「同じ釜の飯を食った仲」という言葉があるように、人間は食を共にすることによって連帯を深めてゆく一面がある。人は通常、家族や友人、職場や学校の仲間などの共食集団を持っていて、一緒に食事を重ねるうちに仲間意識が培われ、その集団への帰属感を確認する。

食物は人類にとって基本的な交換財であり、食事を介したコミュニケーションは、社会関係を調節してゆく手段として利用されてきた。飲食を共にするということは、攻撃性をおさえたり、緊張関係を解消したり、社会関係を円滑にする効用があるわけだ。

紙タバコ普及前の日本では、来客に対して、まずタバコ盆が差し出された。遊廓があったころは、花魁は見知らぬ客と一緒になったとき、自分が一服したキセルを客に差し出して、相手の心を和ませたという。江戸時代にお茶が普及すると、客には「すかさず茶を出す」ことが妻の心得となった。日本語ではタバコをのむというが、飲食を提供したり共にしたりするのは、多くの文化で心を通わせ分かち合う効用が、潜在的に認められた行為であったろう。

いま日本では、家族においてすら「孤食」が増加している。家族が夕食に揃わない家庭が三分の一にのぼるという報告すらあり、そこから家族関係の分断も読み取れる。日本と異なり、きわめて貧しいラコタ社会においては、共に食べることの重要性が依然として共有されていることが、さまざまな場面から推察される。

多くの行事には、必ず食べる行為がともなう。たとえば宗教儀式は、特別の願いや祈りのある人がメディスンマンに儀式の開催を依頼して、通常メディスンマンの家にある斎場で、日没から行われるのが常だ。儀式には依頼者以外、祈りの気持ちがありさえすれば、誰でも参加できる。見ず知らずの人がやってくれば、プライベートな願いが他人に聞かれることになるが、すべてを受け入れるのが流儀だ。

式が終わるのは通常夜中になるが、必ずfeedが行われる。依頼者が食事を作ってきて、参加者全員にふるまうのだ。食事は自分の家で作ってくるのだが、参加者の数は、実際儀式が始まってみるまで不明である。ところが、不思議と過不足ない量が全員にいきわたる。ワカンタンカのなせる業なのかもしれないが、共に食べることによって儀式は完結する。

夏の踊りの祭典であるパウワウでも、峻厳なサンダンスの儀式でも、feedは行われる。最近どこの部族でもパウワウが盛んになっていて、多くの観光客がやってくるが、feedはどんな人も排除しない。あたかも遠来の客をもてなすがごときである。

彼らの言葉を解さなくとも、器さえ差し出せば、バッファローのスープやフライブレッド、運がよければ、チョークチェリー*と干し肉を割いて混ぜ合わせた美味なるワスナまで頂ける。文字どおり Where there is true hospitality, not many words are needed.（真のもてなしに多くの言葉は要らない）なのである。

私が毎年ゆくローズバッド保留地は、アメリカの最貧地区の一つである。そこでお世話になったことのある家で、冷蔵庫のものを勝手に食べてくれなければ、本当の友達とはいえないと言われ、開けた冷蔵庫が空っぽだったこともある。惨めさなど露ほども感じさせない彼女の明るさを、ラコタのもてなしの精神と重ねて、ひどくあっぱれだと思ったのだった。

＊チョークチェリーは、平原地帯に自生するクランベリーに似た赤紫色の木の実。

14

時間感覚

「太鼓がくれば（踊りは始まる）」

When a drummer comes

ラコタ族の保留地に通い始めたとき、一番当惑したのは、彼らの時間感覚であった。サウスダコタ州のパインリッジ保留地は、ラピッドシティから約三時間の遠隔の地にある。何度も通いつめた今でこそ、空港でレンタカーを借り、自分で運転して彼らのところにゆくのに慣れたが、初めての訪問のときは、不案内のこともあり、空港での出迎えをお願いした。

事前に到着時間を知らせてあり、ラピッドシティ空港に到着した私は、即座にそれらしい人を探したが、大方の到着客が去ってからも、まばらになったロビーに私を迎える人は誰もいな

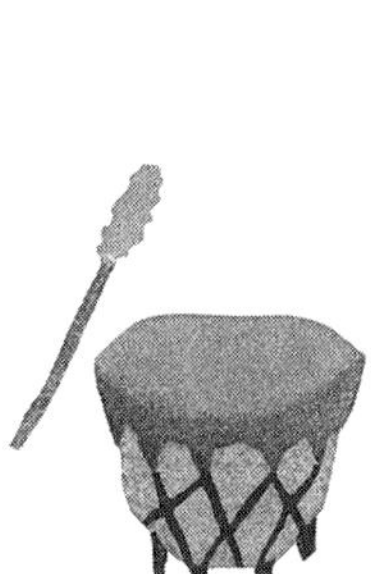

い。一時間も待ったころ、私は未知の土地でかなり不安になり、迎えてくれるはずになっているランニング・ベア氏の家に電話をした。驚くべきことに、電話に出たのは当の本人であった。

氏はのんびりとした調子で、車の調子が悪いのですぐに迎えにゆけないから、モテルで待つよう私に指示し、モテルの名前を告げた。私はそれからモテルの電話番号を探し、言われたとおりに部屋を予約した。大荷物を持って何とかモテルに到着し、氏にその旨告げるべく電話を入れると、発てるようになったら電話をくれるし、夜までには迎えに来てくれるという。私は初めての町のモテルに一人では泊まりたくないと思い、彼を信じてひたすら部屋で待った。

かなり空腹だったが、彼からの電話がいつ入るかもしれないから、食事にも出ず八時まで待ち、我慢できずに再度電話すると、またしても彼が出て、悪びれるふうもなく今晩はもうゆけないとのたまう。私は怒る気力も萎えて、外に食事に出かけた。

モテルのならびに運良くチャイニーズ・レストランを見つけ、そこで遅い夕食をとった。ふと壁に目をやると、毛筆で書かれた達筆の書がかかっている。「意如事満」、意の如く事は満つる。私はそのときの、自分の頼りない心境を励ましたかったに違いない。その書を文字どおり「思うとおりになる」と解釈して意を強くした。デザートについてくるフォーチュン・クッキーは、よく当たるとアメリカ人は大好きだが、そのご託宣にも「待ち人来たらず」とは書いてなかった。

だが「待ち人」はなかなかやって来なかった。

翌日の昼をとうに過ぎたころ、ピックアップ・トラックに三番目の若い妻と幼い娘、赤ん坊、プラス叔母だという初老の婦人をのせて、おっとりと現われた。私はほっと安堵の胸を撫で下ろしたが、それからすぐに自宅のある保留地に戻るのではなかった。

まずガソリン・スタンドで燃料の補給。ケンタッキー・フライド・チキンに寄って、大きなバゲットを買い公園に行って食べた。それから、セコハン・ショップに行って中古の電子レンジを買った。次にはウールワース（安価な衣料雑貨の全国チェーン）で妻と娘の洋服を買い、とどめは酒屋で、ビールを数ダース買い込んだ。

保留地の伝統派は飲酒をしないし、ラコタの保留地では、酒類の販売は禁じられている。それだけでも、この人物がうさんくさく思えてきたが、何といっても「約束は死守する」という古武士にも似た先住民に対する思い入れが、昨晩から大きく揺らいでいた。

これが私のラコタの保留地へのイニシエーションであったが、その後も「約束」が守られないことを身にしみて思い知った。誰かとインタビューの約束を取りつける。待てど暮らせど当人はやってこないという苦い経験を何度となくして、私は彼らの世界で「将来の約束」などといったものが、あまり意味をなさないということに気づきつつあった。

それでも毎夏の私の滞在時間は限られているから、一定の時間内に、一定の目的を達するため、誰といつ会い、どこに行って何を見るかという計画を立てざるを得ない。

ローズバッド保留地に、パーマリーという小さなコミュニティがある。そこでパウワウがあることを聞きつけて、当日早速出かけていった。フィールドワークを始めたころは、文化行事にはすべて参加したいと意気込んでいたから、伝統の歌と踊りの祭典であるパウワウなど、うってつけの行事なのだった。

午前中に始まると聞いて、八時には会場に着いた。人はまだ誰もいなかった。一〇時ころになってぽつぽつと人がやって来たが、まだまだ始まる気配はない。私は内心ジリジリした。午前というのだから、もう準備くらい始まってもよさそうなものだ。

私のほかに会場にいたのは、大概暇を持て余したふうの老人であった。昼近くになって業を煮やした私は、東屋にひとり佇む老人のところに行って尋ねた。いったい、いつパウワウは始まるのかと。老人は表情を露ほども変えずに答えた。

“When a drummer comes”

私の中で一気にすべての疑問と不信が氷解した。目からウロコが落ちるとはまさにこのことだった。

そうだ、その通りだ。太鼓が来なければ踊りは始まらない。時が満ちなければ、ことは成らないのだ。

私はこの瞬間に、彼らの時間と価値と文化の何たるかに、やっと思いいたったのだ。異なる文化をフィールドワークする醍醐味とは、まさにこういう経験にある。それからというもの、私はことが成らないことを、以前よりはるかに自然に受け入れられるようになった。人に会えないというのは、会うべき時が来ていないのであり、ことが成らないというのは、時が満ちていないのである。

もちろん現実には、このような観念哲学の美は、通用しないことのほうが多い。生き馬の目を抜くビジネスの世界など、ことが成るのを待つような悠長な世界ではないし、私たちの日常生活も、時間の枠組みの中で推移する。アメリカ先住民の社会の遅滞と貧困の原因を、われわれのような時間感覚と達成意欲を持たないことに帰する向きもある。私もまったくそれを否定するわけではない。しかし、私は「太鼓が来ない」ことによって、作為の限界と自然時間が醸成する無理のない充足感というものを学んだ。

現代社会に住む私たちは、短時間でより多くのことを達成しようと、実に欲張りになる。そうして多くのことをやりこなしながら、実は一つひとつの事柄を、十分に味わい尽くしてはいない。時が満つることに身を任せるということは、出来事を十全に体験すること、丁寧に味わい尽くすことと言える。

自然にお任せする彼らの態度は、「フィード」のときにも学んだ。祈願の儀式などのあとのこの食事は、儀式の依頼者が準備する。儀式は誰が来ても拒まないのが決まりで、参加者の数は、その場その時にならなければわからない。私の儀式のとき、フィード用のバッファローのスープ、フライブレッド、デザートのウジャピ（ベリーをつぶしたもの）を作りながら、始終分量を心配している私に、ラコタの友人は「足りるようになっている」と言う。事実儀式のあとのフィードで食物はピタリと行きわたった。その後もっと大がかりなギヴ・アウェイをしたときも、贈り物は不思議と過不足なく行きわたり、友人の言うとおりになるのである。自然の、大いなるものの調節にお任せしていればよいという彼らの態度は、物質的には貧しい彼らを、実に豊かな存在に見せる。

15

聖なる輪

「すべては円を巡る摂理」

Everything the Power does, it does in a circle.

スー族の保留地にゆくと、いたる所で丸に十の字のマークに出くわす。最初に見たときは、薩摩藩のマークとまったく一緒で驚いたものだ。ポスターになっていたり、民芸品店へゆくとペンダント、イヤリング、ルーム・アクセサリー、あらゆるものに、この意匠が使われている。彼らはこれを「メディスン・ホイール」、聖なる輪、と呼んでいる。ミタクエオヤシン——私に繋がるすべてのもの——の思想をシンボル化したものである。「輪」は彼らの世界観を表わす。世界には始まりもなく、終わりもない。もちろん彼らは、彼らの始まりの物語、創

世神話を持っているが、西洋の歴史のように、時間は縦軸には流れていない。太古から現代に向かって歴史が進歩するという、西欧近代を特徴づける歴史観を彼らは共有しないのである。今彼らの生きている時間は、太古の父たちの知恵と経験が凝集した時であり、それらを自分の内に再生させ、それらによって生きる彼らは、その意味で過去の父母たちと共に生きている。「聖なる輪」の中を、先祖たちも自分たちも共に巡っているのである。

輪の十字が指すのは、東、南、西、北の四つの方角である。太陽の出る東は、知恵と理解の源であり、鹿のオヤテ（56頁参照）の住処である。黄色が東を表わす色だ。南は生命力の源であり、飛ぶものたちの住処で、白がその方角を表わす。西は浄化の水の源で、雨、風、雷の住処であると同時に、馬のオヤテの住処である。西は黒で表わされる。最後の北は健康と忍耐力の源で、バッファローの住処であり、赤でその方角を表わす。

それぞれの方角を住処とする動物、鳥類は、方角の持つ力も表わすが、いずれもラコタの生活になくてはならないものたちである。バッファローや鹿は大切な食料源であり、皮は衣服やティーピーとなる。馬は移動の民に欠かせない。鳥類、ことにワシは、ワカンタンカの使者である。

四つの方角を敬うことは、自分たちの命を長らえさせてくれる存在へ感謝を捧げることでもある。同時に、知恵、生命力、浄化力、健康、忍耐力といった、人々が、また生きとし生けるものが、輪の中で繋がって調和的に生きてゆくために必要な力を与えられるよう、四つの方角に向かって祈る。また人生は、四つの方角を円にそって巡る旅にも喩えられる。円を巡りながら、四つの方角が示すものを体得していくのである。「聖なる輪」を身につけることは、我らはみな繋がって共生しているという調和の思想、「聖なる輪の教え」を、絶えず思い起こさせてくれる。

ラコタでは、いろんな輪の形象化を見る。彼らの住処であったティーピーは円形であるし、たくさんのティーピーが集まって一つのキャンプを形成するときも、それは輪になるように設営された。サンダンスのグラウンドももちろん円形であるし、儀式の多くが円形の斎場で執り行われる。そしてその四方に、四つの方角を表わす色の旗が立てられる。そうすることにより場所は神聖なものとなり、教えを求める道場となる。

メディスンマン、ブラック・エルクはその著書の中で、すべての力は、円環状にはたらくと言っている。彼らにとって、円はもっともエネルギー効率のよい、つまり東洋風にいえば、もっとも気の巡りがよい形なのである。保留地時代には、彼らの生活を西欧化しようとして、政府がたくさんの家を保留地に建てた。当時の写真を見ると、西欧風の小さな四角の家の前に、相変わらず丸いティーピーが立っている。ブラック・エルク自身もティーピー生活を止めなかった一人だが、気の巡らない四角い家に住むようになってから、ラコタ族の間で断然病人が増えたと彼は嘆いている。

確かに球体がもっともエネルギー効率の良い形であるのは、六〇年代から八〇年代にかけて活躍した建築家バックミンスター・フラーが開発した円形住居、フラー・ドームからも証明されるようだ。ロング・ハウス（長いカマボコ型集合住宅）に住んだイロコイ族や、干しレンガの集合住宅を住まいにした南西部のプエブロ諸部族など、先住民部族のすべてが円形住宅に住んだわけではないが、プエブロ族のキバに見られるように宗教儀式の斎場は意外と円形が多い。人々の祈りが繋がって、心が一つとなるのには円形がふさわしい。

「輪」は「環」同様途切れることがないから、繋がりが強く意識される。「聖なる輪」の中で生きとし生けるものが繋がっているというのは、今風に言えば生命連鎖の様態である。多様な生命体は、相互依存的に繋がって大きな宇宙を構成している。あらゆる生命体が有機的に繋がって、地球を一つの生命体にしているというガイア仮説は、ニューサイエンスの大きな潮流を形作ったが、先住民思想は、はるか昔からそういう世界認識に立っていた。科学が分析する以前から、生命の真実、あるいはそれに非常に近い知恵を、彼らは身体で知っていた。

エコロジー思想の根幹をなすコンセプト「繋がり」「循環」「調和」は、ラコタ族に限らず先住民たちが先見的に実践してきたものに相違ない。現在、毎分サッカー・コート一面の緑が地球から失われているというが、急速な工業化と消費文明のつけとしての環境破壊は、とどまるところを知らない。アメリカでは、レイチェル・カーソンの『沈黙の春』の告発から環境意識が高まってきたが、先住民思想が環境思想との脈絡で大いに脚光を浴びているのも、こうした背景あってのことだ。

「エコロジー」の語源はギリシャ語の oikos だが、もともと家族とその所帯のきりもりを意味しており、エコノミーと同じ語源である。一八六六年ドイツのエルンスト・ヘッケルが、oikos から Ökologie を造語してから、この語は広く使われるようになった。エコロギーという語でヘッケルが示唆したのは、地球上の生物体が互いに争ったり助け合ったりしながら、親密に生活を共にする所帯、または家族に似た経済上の一つの単位である。

エコロジカルであることは、実は大変エコノミカルであることが含意されている。実際、先住民のかつての生活は、自然に即して無駄なく、無理なく、不足ないという、実に経済効率のよいものだった。ことに移動狩猟民はそのライフスタイルの要請上、物をため込むことはなく、その折々に要るものを自然から調達して、余ったものはまた自然に返した。こういう生活では、常に物とエネルギーが停滞することなく循環する。人間は自然の大きな循環の輪に連なって、その循環の一部を形成していたわけだ。

繋がりも循環も調和もすべて円に収斂され、「聖なる輪」の思想に結晶化されていた。そして実際彼らは、その思想を生きた。その思想を実践しているとき、彼らの身体は、この上なく壮健であった。だが現在の保留地生活は、病と貧困と停滞に覆われている。貧困であるにもかかわらず、成人の多くが肥満して不健康な状態にあるのは、あたかも身体に不要なものをため込み、自然の循環から疎外された証しであるかのように見える。強いられたものとはいえ、環境の激変は彼らの生活を自然から実に遠いものにした。すべては円を巡るという自然の摂理からの背反が招いた結果を、彼らは今、いったいどのように受け止めているだろうか。

2

すべての生きものの物語

――民話・伝承編

イラスト　西村つや子

1 跳ぶネズミの冒険

〈シャイアン〉

むかし、一匹のネズミがいた。彼は忙しいネズミだった。そこいら中を探し、ヒゲで草を触り、そして目をこらしていた。他のすべてのネズミと同じように、ネズミの世界で忙しかった。けれど時々、妙な音が聞こえてくることに気づいた。そんな時、彼は頭をあげ、しきりに目を細め、ヒゲをぴくぴくさせ、いったい何だろうと考えた。ある日、仲間のネズミのところへちょこちょこ駆けていって尋ねてみた。

「何か唸り声が聞こえてこないかい？　兄弟よ」

「いいや」忙しい鼻を地面から上げようともせず、そのネズミは言った。

「何も聞こえないよ。俺は今忙しいんだ。あとにしてくれないか」

他の仲間に同じことを聞いてみたが、やっぱり変な目で見られてしまった。

「何の音だって？　おまえ、すこし頭がおかしいんじゃないか」仲間のネズミはそう言って、朽ちたハコヤナギの穴に消えてしまった。

　小さいネズミは鼻先をちょっとすぼめ、よし忘れてしまえとまた忙しく立ち働いた。けれど、またしても例の唸り声が聞こえてきた。本当にかすかではあったが、声は確かに聞こえた。ある日ネズミは、この音の正体を調べてやろうと決心した。忙しい他のネズミを後にして道を進んでゆくと、また音が聞こえてきた。彼は必死に耳をこらして、音の正体を確かめようとした。その時、突然誰かが挨拶をした。

「やあ、小さな兄弟よ」とその声は言った。ネズミはびっくりして、自分の皮から飛び出しそうになった。背中としっぽを丸めて、さっそく逃げ出そうとした。

「やあ」とまた同じ声がした。「私だよ、兄弟のアライグマだよ」見ると確かにそうだった。

「いったい、こんなところで一人で何をしてるんだい？　小さな兄弟よ」

ネズミは、地面に鼻をつっこまんばかりにまっ赤になった。

「唸り声の正体を調べているところなんだ」おずおずとネズミは答えた。

「唸り声だと？」アライグマがネズミのそばに腰をおろした。「それは河の音だよ」

「河だって？」興味津々でネズミが尋ねた。「いったいそれは何だい？」

「ついておいで。見せてあげよう」

小さなネズミは、内心とても恐かったのだが、あの音のことについては、きっちりかたをつけようと決心していた。「はっきりすれば安心して仕事に戻れる」ネズミはそう考えた。それにこの勉強は、これからの忙しい調べものとか、もの集めの役に立つかもしれない。何も聞こえないと言っていた兄弟たちにも教えてやらなきゃ。そうだ、アライグマにいっしょに来てもらおう。そうすれば証明してもらえる

「わかった、兄弟。河へ連れていってくれ」

小さなネズミは、アライグマといっしょに歩いていった。彼の小さな心臓は、ドキドキしはじめた。アライグマは、見たこともない道に彼を導いていった。通りすがりに、さまざまな匂いがした。小さなネズミはあんまり恐ろしくて、何度引き返そうと思ったかしれない。だがついに河に着いた。河は息もつけぬくらい大きく、深く、あるところは澄み、またあるところは暗く淀んでいた。小さなネズミには大きすぎて、向こう岸は見えなかった。流れは唸り、歌い、叫び、轟いた。ネズミは、流れに運ばれるさまざまな世界を水面に見た。

「すごい力だ！」他に言葉が見つからなかった。

「偉大なものだ」アライグマが答えた。「君に、ここの友達を紹介しておこう」

浅く、なめらかな水たまりに、睡蓮の生えているところがあった。緑鮮やかなその葉の上に、本当に見分けがつかないような、緑色をした蛙が一匹座っていた。蛙のお腹の白さが目に痛かった。「やあ、小さな兄弟よ。河へようこそ」その蛙が挨拶した。

「僕は帰らなくちゃならん」アライグマが割って入った。「だが、怖がることはない。蛙がちゃんと面倒見てくれる」そう言うとアライグマは、河に沿って、洗って食べられるものを探しながら帰っていった。

小さなネズミは川辺に近づき、そっと河をのぞき込んだ。そこに映っていたのは、おびえ震えているネズミの姿だった。

「君は誰だい？」ネズミはその姿に聞いた。「偉大な河のまっただ中にいて、怖くはないかい？」

「いいや」と代りに蛙が答えた。「生まれた時から、河の上でも中でも住める恵みをもらっているんだ。冬男がやってきて、この聖なるものを凍らせると、僕はしばらく姿を隠す。だけどかみなり鳥が飛ぶ間は、ここにいるよ。世界が緑に染まる頃、僕を訪ねてきておくれ。僕はね、水の番人なんだ」

「驚いた！」またしても他に言葉が見つからず、ネズミは叫んだ。

「君は聖なる力がほしいかい？」蛙が尋ねた。

「僕が？　聖なる力？　もちろん！　もらえるもんだったら」

「それじゃあ、かがめるだけ低くかがんで、跳べるだけ高く跳んでごらん。君の聖なるものが見つかるよ」

小さなネズミは言われる通りにした。かがめるだけかがんで、思いきり跳んだ。跳びあがった時、彼の目は聖なる山をとらえた。

小さなネズミは自分の目が信じられなかった。だが確かに山はあった。宙に浮いた彼の体が落下しはじめた。そして彼は水の中に落ちた！

小さなネズミは恐れおののきつつも、必死で土手をよじ登った。彼はびしょ濡れで、怖くて死にそうだった。

「だましたな！」ネズミは蛙に向かって叫んだ。

「ちょっと待てよ、怪我したわけじゃないだろ？ 恐れと怒りで自分の心に目をつぶっちゃいけない。それで何が見えたんだい？」

「ぼ、ぼくはね」ネズミは少し口ごもった。「聖なる山が見えたんだ！」

「それじゃあ、君に新しい名前があるよ。今日から君は〝跳ぶネズミ〟だ」

「ありがとう、本当にありがとう」跳ぶネズミは、何度も蛙に礼を言った。「さっそく仲間のところへ戻って、僕に何が起こったか伝えなきゃあ」

「それがいい。仲間はすぐに見つかるよ。聖なる河の音を頭のうしろに入れておくんだ。その音と反対の方へ進めば、仲間のところへ戻れる」

再びネズミの世界に戻った跳ぶネズミは、だががっかりした。誰も彼の話に耳を傾ける者がいなかったのだ。それだけではない。たいていはびしょ濡れになったネズミを怖がった。なぜって、彼は雨が降ったわけでもないのに濡れているのだ。跳ぶネズミは、そのいきさつを何と説明していいかわからなかった。それでネズミたちは、彼は他の動物に食べられそうになったが、結局その口の中から吐きだされたんだろうと考えた。他の動物の食べ物にならなかったということは、彼に毒があるんだと。

仲間に受け入れられなかった跳ぶネズミは、聖なる山を思い出して、そこへゆくことにした。

＊

跳ぶネズミは、ネズミの世界の果てまで来て、平原をはるか遠くまで見わたした。空を見上げるとワシがいた。空を覆わんばかりのたくさんの点々は、みんなワシだった。だが、聖なる山へ行こうとする彼の決心は固かった。彼は勇気をふりしぼって、全速力で平原を横切り始めた。興奮と恐れで心臓が飛び出しそうだった。

彼はセージの茂みに走り込み、そこで一息ついた。その時そこに年とったネズミがいるのに気づいた。その場所は理想的なネズミの住処だった。食べ物の種はふんだんにあるし、ネズミを忙しくさせてくれる巣作りの材料がいっぱいあった。

「よく来てくれたね」年とったネズミが声をかけてきた。

跳ぶネズミはその場所とこのネズミを見て、すっかり感心した。「ここは素晴らしい。ここにいれば、ワシから見つかることもありませんね」

「そうだ。それに、ここからは平原のあらゆる生きものが見えるのだ。バッファローも、ウサギも、コヨーテもな。すべての生きものと、その名前を知ることができるのじゃ」

「なんて素晴らしい！　じゃあ、河も聖なる山も、ここから見えるのですか？」

「偉大なる河があることは知っている。だが残念じゃが、聖なる山の方は神話じゃ。そこへ行こうなんて気持ちは忘れて、私とここで暮らそうじゃないか。ここには、おまえの欲しいものがすべてそろっている。なかなかよい場所じゃよ」

跳ぶネズミは内心思った。「聖なる山の不思議な力は、決して忘れられるものじゃない」

「あなたの家は本当に心地よかった。でも僕は、山を探さなければならない」

「お前は馬鹿なネズミじゃ。平原は危険でいっぱいだぞ。上を見てみろ！　あの点々はみんなワシだぞ！　おまえは奴らにやられるにきまっている」

だが、跳ぶネズミは決意を新たに再び走り始めた。地面はでこぼこだった。彼はしっぽを弓なりにして、力のかぎりに駆けた。空の点が落とす影を背中に感じながら駆けた。影はどんどん迫ってくる。やっと彼は山桜の根もとに逃げ込んだ。その場所はとても涼しく、ゆったりとして、水も木の実も種もあり、巣作りのための草も十分だった。

あちこち見回っていると、どこからか重苦しい息づかいが聞こえてきた。見るとそこに小山のような毛のかたまりがあった。バッファローだ！　自分の前に横たわる生きものの大きさがすぐには信じられなかった。

「やあ、兄弟。訪ねてくれてありがとう」その時バッファローが言った。

「こんにちは、偉大な生きものよ。でもなぜ君は、そこで横になっているんだい？」

「僕は間もなく死ぬんだ。僕の聖なるものが、この病を癒すのはネズミの目だけだと教えてくれたが、こんなところにネズミなんていやしない。」

跳ぶネズミはぎょっとした。「僕の目！　僕のこの小さい目だって！」彼はあわてて山桜の根もとまであとずさった。そして大きくゆっくりと息をついて考えた。「彼は死ぬ。僕のこの目をやらなかったら、彼は間違いなく死ぬ。だが彼は、死なすにはあまりに立派な存在じゃないか」

跳ぶネズミは、バッファローのいる場所に戻っていった。「僕はネズミだ」震える声で彼は告げた。「兄弟よ、僕は君を死なすわけにはいかない。だから僕の目の片っぽうを君にあげよう」

そう言ったとたんに、跳ぶネズミの目が一つ飛び出し、バッファローは癒された。跳ぶネズミの全世界を轟かせて、バッファローが跳ね起きた。

「ありがとう、小さな兄弟よ。君は僕を救ってくれたのだから、僕も与え尽くそう。永遠に君は僕の兄弟だ。聖なる山の麓まで、君を連れていってあげよう。僕のお腹の下を走れば、ワシに襲われることはあるまい」

小さなネズミはバッファローに守られて走っていった。山の麓でバッファローは止まった。

「僕は平原の生きものだから、ここから先は行けない。転んで君を踏みつぶしてしまうからな」

「本当にありがとう」跳ぶネズミが礼を言った。

新しい場所は、今までのどの場所よりたくさんの種やネズミの好物でいっぱいだった。がさごそ調べていると、突然灰色の狼に出くわした。狼は何もせず、ただそこに座っているばかりだった。

「こんにちは、兄弟の狼よ」跳ぶネズミが声をかけた。狼の耳がピンと立って目が輝いた。

「狼！ 狼だって！ そうだ、そうだった。僕は狼だったのだ」。だがすぐに彼の心はぼんやりしてきて、自分の正体をすっかり忘れ、またもとの場所に静かに座った。

「こんなに偉大な生きものなのに、記憶がないなんて」跳ぶネズミは考えた。跳ぶネズミは静かに耳を澄ませて、長いこと自分の心臓の鼓動を聞いた。そして彼は決心した。

「兄弟よ、聞いてくれ。僕は君を治すものを知っている。それは僕に残されたこの一つの目なんだ。この目を君にあげよう。君は僕よりはるかに偉大な生きものだ。さあ、取ってくれ」

言い終わったとたんに目は飛んでゆき、狼はあっという間に、完全な存在になった。涙が狼の頬を流れ落ちたが、小さい兄弟はもうそれを見ることはできない。今や彼はまったくの盲目だった。

「君こそ偉大な兄弟だ。僕の記憶は戻ったが、君は盲目になってしまった。実は僕は聖なる山の案内人なんだ。君をそこに導こう。そこにはこの世でもっとも美しい聖なる湖があり、この世のすべてが映しだされている」

狼は松の林をぬって、彼を聖なる湖に導いた。そこで跳ぶネズミは、湖の水を飲んだ。水はとても甘かった。狼が去ったあと、彼は恐怖に震えながらその場にうずくまった。盲目になった彼には、もう走ることはできない。しかしじっとしていれば、ワシに見つかる。案の定、じきに彼は背中に影を感じ、ワシの羽音を聞いた。彼が勇気を出して背筋を伸ばした瞬間、ワシの一撃をまともにくらった。彼はその場で気を失った。

しばらくして気がついて、跳ぶネズミはまだ自分が生きていることに感激した。しかも目が見えるようになっているではないか！　すべてはぼんやりしていたが、目に映る色のなんと美しいことか。

「見える！　見える！」あまりの嬉しさに、跳ぶネズミは何回も同じことを繰り返した。

何かぼんやりした形が、その時彼に向かって進んできた。懸命に目をこらしたが、何だかわからなかった。

「やあ、こんにちは。君は聖なるものがほしいかい？」その声が尋ねた。

「聖なるものだって？　もちろん、もちろんだよ！」

「それじゃあ、できるだけ低くかがんで、跳べるだけ高く跳んでごらん」

そこで跳ぶネズミは力いっぱい跳んだ。風が彼をとらえて、もっと高いところへ運んでくれた。

「恐れるな。しっかりと風につかまれ。そして安心して身をまかせるんだ」声が言った。

その通りに、目をつぶって風をつかまえると、風はどんどん高いところへ彼を運んでいった。跳ぶネズミが目を開くと、ぼんやりとしていた視界が、だんだんはっきりしてきた。高く昇れば昇るほど、ものがはっきりと見えてきた。美しい聖なる湖が見え、そこに浮かぶ蓮の葉の上に何かが見えてきた。あの友達の蛙ではないか。

「君の新しい名前は」蛙が叫んだ。「ワシだ！」

2 火を盗んだウサギの話

〈クリーク〉

それは寒い寒い冬であった。四本足の動物たちは寒さに震えあがっていた。それで火をとってこようということになったのだが、火がどこにあるのかは誰も知らず、時々天から落ちてきたり、山から吹き出したりするという話を聞いたことがあるだけだった。四本足たちは、翼を持つものであるミソサザイに、火を見つけてくれるよう頼んだ。

ミソサザイは出かけていったが、長いこと帰ってこなかった。やっと旅から帰ったミソサザイは言った。

「東には水しかない。西には陸がたくさんあるが火はない。北の方はなにもかも真っ白で恐ろしいほど寒く、火なんかあるわけがない。君たちが欲しいものは南で見つかったよ。ここから遠く離れたところに村があって、そこの族長が聖なる火を持っているんだが、見張りがとても厳しい。毎夜たくさんの戦士が火の周りで踊って火に捧げものをし、その前でうやうやしくおじぎをする。警備が厚いから、火を盗むのは難しい。よっぽど知恵があって、すばしこいやつでなければ」

みなは火が見つかって喜んだものの、どうやったら盗みだせるか、誰も思いつかなかった。このまま寒さに震えていなければならないかと、みな意気消沈していると、コヨーテが言った。「ウサギのパシコラにやらせよう。あいつは足も速いし、踊りもうまい。こういう仕事を任せられるほど頭がいいかどうかはわからんが、頭を使うことをいくつかやらせて、きちんとできたら、火を取りにやらせてもいいんじゃないか」

みなはコヨーテの提案に同意し、ウサギも承知した。ウサギはとても功名心が強かったのだ。ウサギは自分も、クマやバッファロー同様立派な戦士だということを見せつけてやろうと思った。だがコヨーテは、ウサギをなぶりものにしてやろうと思っただけで、ウサギが仕事をやりとげられるなんて思っていなかった。それでコヨーテは言った。「みんなが良ければ、これから問題を出すことにしよう」。そしてウサギに皮の袋を渡して言った。「これに赤山アリをいっぱい詰めてきたまえ。かまれないよう気をつけるんだよ」こう言ってウサギを送りだし、してやったりとほくそ笑んだ。

ウサギは赤山アリの巣に行って話しかけた。「聞いてくれ。コヨーテが君たちのことを絶滅しかかってるなんて言うんだよ。アリなんかほとんどいやしない、残ってるやつらも、この皮の袋いっぱいにもできないくらいだって笑うんだ」

アリたちは誇りを傷つけられて、袋いっぱいにする力があることを示すために、まっしぐらに袋の中に入っていった。全員が袋に入ると、ウサギはすぐに袋の口をしめて、村に持って帰った。みなは、ウサギが十分賢く、大切な仕事をちゃんとやれると確信した。だが、コヨーテだけが納得しなかった。「アリを捕まえるなんて誰にもできるさ！　ガラガラヘビを取ってみせたらにしよう」

それでウサギは、ガラガラヘビを取りに行かされることになった。ガラガラヘビに出会うとウサギは言った。「君はみなが思っているよりうんと短いってコヨーテが言ったが、ほんとだね」。ガラガラヘビは腹をたてて、できるだけ身体を伸ばして寝そべった。「棒で測ってみてくれよ。そうすれば、俺がどんなに長いかよくわかる」。ウサギはしてやったりとばかり、ヘビの頭としっぽを棒にしっかりくくりつけて村に帰った。

しかしコヨーテはまだ満足せず、ウサギにさらに難題を押しつけた。それは沼の穴から、ワニを引っぱり出してくることだった。ワニの老人ハルパタは、みなの間では、かなり馬鹿ではあるが、性悪で陰険なやつだとして嫌われていた。ウサギがそのワニを、どうやって隠れ家から引っぱり出して村へつれてこられるか、誰にも想像できなかった。

ウサギはまたもや、勇気のあるところを見せようと出かけていった。そして沼に着くと大声で叫び始めた。「ハルパタやーい、ハルパタやーい！　いったいどこにいるんだい？」しばらくは何の音もせず、何一つ動かなかったが、やがて沼の真ん中が盛り上がり、ワニの老人の頭が浮かび出た。

ハルパタは昼寝の邪魔をされて機嫌が悪かった。「俺を呼んだのは誰だ？」ワニは低い声で尋ねて、目をパチパチさせた。

「やあ、僕だよ。ウサギのパシコラさ。コヨーテがバッファローをやっつけて、君を御馳走に招待したいって言っているんだ。ひとりで獲物を片づけることはできないからね」

ワニのハルパタはこれを聞いて大喜びした。だいたい彼はいつもお腹を空かせているのだ。それで彼はいそいそとウサギについて村へ行った。

コヨーテはそれを見ると、大慌てで逃げてしまった。ついこの間ハルパタにいたずらをしていたから、怖くなったのだ。ウサギはそれを見て言った。「ハルパタ、ワニの老人！　コヨーテがバッファローのところへ走っていくよ。しっかり追いかけて！」それでワニは短い足で必死に駆けてコヨーテの後を追い、村の一方のはずれまで走っていった。

これで四本足のものたちは、ウサギのパシコラが、火を盗むことができるくらい賢いことを確信した。ウサギはただちに出発して南に向かい、ミソサザイの言っていた村を目ざした。何日も駆けて、とうとう族長が聖なる火を守っている村に着いた。

ウサギは、自分は火に祈るために遠い旅をしてきたメディスンマンだと言った。族長は、このよそもののウサギを変なやつだと思ったが、それでも晩の踊りに参加することを許した。

「この私は、村一番の踊りの名手なんですよ」とウサギは自慢して、自分のほっそりとした足を指してみせた。「私ほどすばしこいものは誰もおりません」

男たちは夜がふけるまで燃え上がる丸太の周りで踊り、見物人たちは、ウサギの大胆なジャンプとすばやいステップに大いに驚かされた。パシコラはこの晩のために特別の練習をし、準備しておいたのだ。足にたくさんのガラガラをつけて、顔やからだには色とりどりの絵の具を塗り、頭には樹脂の多い松の小枝を束にしてさした。ある目論見のために、よく燃えそうな樹脂の一番多い小枝を探し集めておいたのである。

火の周りで踊るウサギの踊りはますます速くなったが、それでもウサギはいつも見物人から目を離さなかった。彼はどんどん目標の火に近づいていった。そして突然、燃えさかる聖なる火の前で身をかがめたかと思うと、たくみに一本の松の小枝を炎の中へ差し入れた。火が移ってパチパチ燃える小枝を頭にさしたまま、ウサギは村から飛び出した。

村びとはこの大胆不敵な行為に仰天してしまい、われに返った時はもう遅かった。みんなはわれ勝ちに後を追ったが、ウサギが川を泳ぎ渡った場所でその足跡を見失い、すごすごと村へ帰らなければならなかった。

ウサギのパシコラは誰にも邪魔されることなく、火を持って自分の村に帰り着いた。火が手に入って村中が大騒ぎになり、みんなは、もうこれからは寒さに震えなくていいと大喜びした。だがウサギはこの冒険で耳にやけどをした。それで今日までウサギの耳は赤いのだ。

3 コヨーテ、星と踊る

〈シャイアン〉

大いなるスピリットが、コヨーテに彼のメディスンをたくさん分け与えたので、コヨーテはパワフルになり、とても自惚れやになった。そうしてコヨーテは、自分にできないことは何もないと思うようになった。時には、偉大なるスピリットより自分の方がパワフルだとさえ感じた。コヨーテは時として賢かったが、また愚かでもあったのだ。むかしむかしのある時、彼は星と踊ることを思いたった。「いや、本当に星と踊りたくなった」とコヨーテが言うなり、山の向こうから星が出てくるのが見えた。「おーい、星さんよー、ここに降りて来てくれ。おまえさんと踊りたいよー」とコヨーテは星に向かって叫んだ。

星は彼の手の届くところまで降りてきたので、コヨーテがつかむと、そのまま空の高みまで戻っていった。コヨーテは、落ちてそれこそ命を落とさないようにと星に必死でつかまった。そんなコヨーテをぶらさげたまま、星は空をいくども回った。コヨーテはすっかり疲れ、星につかまっている腕は麻痺して肩から抜けそうになった。コヨーテは語りかけた。

「星さんよ。俺は十分踊りを楽しんだ。手を放して、家に帰ろうじゃないか」

「お待ちなさい。ここでは高すぎます。あなたを拾った山の近くに行くまでお待ちなさい」

コヨーテが地上を見下ろすと、地は意外に近くに見えた。

「俺は疲れたよ。十分低いと思うから、ここで手を離す」そう言って彼は、星をつかんでいた手を離した。

コヨーテはとんだ間違いをした。落ちても落ちても地に届かなかった。彼は一〇の冬を落ち続けた。雲の中を突き抜け、やっと地面にあたった時、彼は伸びた鹿の鞣《なめ》し皮のようになっていた。彼はそこで死んでしまった。

大いなるスピリットは、面白がってコヨーテにいくつかの命を与えることにした。それでもコヨーテがもとの形に戻るのに、何度かの冬を要した。その間にコヨーテは年をとっていたが、相変わらず愚かなままだった。彼はまたもや吹聴した。

「俺以外の誰が星と踊ることができる。誰が一〇の冬も落ち続け、鹿革のようにぺったんこになりながら、命を吹き返すことができる? 俺はコヨーテだ。パワフルな存在だ。俺にできないことはない!」

ある夜、コヨーテは自分の家の前に座っていた。すると山の向こうから、変わった星が出て

来た。それは非常に速く動き光る長いしっぽを持っていた。コヨーテが呟いた。「なんて速い星だ。あいつと踊ったら楽しいに違いない！」そうして、すぐに星に呼びかけた。

「おーい。長いしっぽを持った変わった星さんよ。降りて来て俺と踊ろう！」

不思議な星が素早く落ちて来ると、コヨーテは星をしっかりとつかんだ。星は宇宙の無限の中に竜巻きのように戻っていった。またコヨーテはとんだ間違いをしでかした。地上からその星を見ている限りは、その星がどんなに速く動いているのか、見当もつかなかったのだ。それは宇宙でもっとも速く動くものだった。あまりの速度で振り回されて、コヨーテの片足がちぎれ、そして残ったもう一方の足がちぎれ落ちた。それから体の部分が次々にちぎれ落ち、最後には星を握った右手だけが残った。

コヨーテはバラバラになって、地上に散らばった。だが、バラバラになった部分が互いを呼び合って、徐々にもとのコヨーテの形に戻っていった。もちろんそれには何冬もの時間がかかった。ついに、星を握ったままの右手だけを残してコヨーテはもと通りになった。コヨーテは叫んだ。

「大いなるスピリットよ、私が悪かった！　あなたの力には及ばない。自分が思っていたほどに力はなかった。どうぞ私に憫みを！」

大いなるスピリットが言った。

「友のコヨーテよ、私はおまえに四つの命を与えた。そのうち二つを、おまえは愚かにも使い果たしてしまった。よくよく注意するがいい！」

「どうぞお許しを！　どうぞ私の右手をお返しください」コヨーテは泣き叫んだ。

「それは長いしっぽを持った星次第だ。おまえには忍耐が要る。山の向こうから星が上ってきて、おまえの前に現れるまで待つしかなかろう」

「それでどのくらいで、またあの星が上ってくるのでしょう？」

「百生に一度だ」と大いなるスピリットが言った。

4 モグラはなぜ地下で暮らしているか

〈チェロキー〉

男はひどい恋の病にかかっていた。来る日も来る日もその女のことで頭がいっぱいだった。それなのに女の方ではいっこうに彼に関心がないばかりか、なんとか振り向かせようとする男を冷たくあしらうのだった。それでも男は諦めきれず、ある日一大決心をして、自分と一緒になってくれたら、女の望むものはすべて与えると懇願した。しかし女は「あんたなんか嫌いよ」と言い放って、さっさとその場を去っていった。

男の落胆は見るも哀れだった。夜は眠れず、食事は喉を通らず、自分の足で辛うじて立ってはいたが、壁伝いにやっと歩くといったありさまだった。男は絶望のあまり、自らの命を断つことすら考え始めた。

その一部始終を見ていたモグラは、彼にひどく同情した。モグラは彼の前に現れて言った。

「気の毒なお方よ。私が何とかしてあげましょう。彼女があなたのことを好きになり、自分の方からあなたのところへやってくるよう、私が一肌脱ぎましょう」

モグラはそう言うと地面を掘り始めた。モグラはせっせと穴を掘り進め、女の家までやってきて、女が眠る寝床の側に出てきた。そしてぐっすり眠る女の心をそっと取り出して、急いで今きた地下道を帰っていった。

男の家について男を揺り起こし、目をこする男にモグラは言った。

「はら、彼女の心です。これをすぐに飲み込みなさい。そうすれば彼女の心は貴男のもの。彼女の方からきっとやってきますよ」

男には、渡されて男の手の中にある心は全然見えなかったが、モグラの言うとおりそれを飲み込んだ。

女の家に朝が来た。目覚めた女の頭に最初に浮かんだのは、あの男のことだった。あんなに嫌いだったのにと、女は不思議な気がした。一時も立たないうちに、女は彼に逢いたくてたまらなくなった。なぜだかわからなかったが、恋しい気持ちがだんだん大きくなり、女はいてもたってもいられなくなった。

女は男の家に行き、男に愛を打ち明けて、妻にしてほしいと頼んだ。男の驚きようといったらなかったが、これを逃してなるものかと、ただちに結婚した。

村のものたちはそれを知って大いに驚いた。あんなに嫌っていた男に嬉しそうに寄り添う女に、いったい何が起きたのかと噂した。なによりもメディスンマンがこのことを訝《いぶか》った。自分以上に霊力を持つものが他にいるのだろうか。探ってみてそれがモグラの仕業であることを突き止めたとき、メディスンマンはたいへん驚いた。モグラのように日頃めだたないちっぽけな存在にそんな力があったことを、疎ましくまた妬ましく思った。メディスンマンは嫉妬のあまり、モグラの命を奪おうとまでした。モグラは恐れて、その日以来地下で生活するようになり、めったなことでは地上に顔を出さなくなったのである。

5 ハイ・ホースの恋

〈スー〉

むかし、スー族の村に、ハイ・ホースという若者がいた。彼は裕福ではなく、取り立てて武勲があるというわけでもない、ごく普通の青年だった。そんなハイ・ホースが、ある非常に美しい娘に恋をした。娘は両親がかなり年をとってからできた一人娘で、それはそれは大事にされていた。だいたい女の子は、女性の仲間入りの儀式が終わると、前にもまして監視の目が光るようになる。結婚前に悪い男に拐《かどわ》かされでもしたら大変というわけで、どこへゆくにも母や祖母、あるいは親戚の年長の女性が必ずお供した。また兄弟がいれば、未婚の姉妹を守ることは彼らの責任でもあった。

ハイ・ホースはそれでも、娘の姿見たさに彼女にこっそりつきまとい、日々恋心を募らせていた。

年頃の娘には常にお供がいるが、川へ水を汲みに行くときだけは、一人であることが多かった。若者は川辺の茂みに隠れて、彼女がやってくるのを待ち伏せる。やってきた彼女の前に突然姿を現し、彼女を驚かして悲鳴でもあげられたら元の木阿弥だから、普通は茂みから彼女の足下に小石を投げたり、水を汲む彼女の着物の裾をそっと引いて、その存在を知らせた。女性の方でも、そんなやり方をうすうす知っているから、その気があれば彼のために立ち止まってやった。

ハイ・ホースにも、やっとそのチャンスが巡ってきた。水汲みにきた美しい娘の足元に小石を投げて彼がそこにいることを知らせると、娘は意外にも立ち止まってくれたのだ。ハイ・ホースは自分の胸の鼓動が聞こえるほどドキドキしたが、娘との初めての会話に成功した。

間近で見る娘は、思ったよりもっと美しかった。黒目がちのつぶらな瞳は大きく、唇は平原のバラのように赤く愛らしかった。ハイ・ホースはますます娘に首ったけになった。娘の方もまんざらでもない様子で、別れる時「毛布でデート」の約束をした。

昔は自由な男女交際などなかったが、唯一「毛布でデート」が許されていた。若い女性は、日が落ちると自分のティーピーの前に立つことを、家族から許される。彼女に好意を寄せる男性は、毛布を持って彼女のもとを訪れる。そうして、二人して頭からすっぽり毛布をかぶり、二人っきりの会話をする。毛布の中では二人っきりでも、背後のティーピーの中では、彼女の家族が聞き耳を立てている。毛布をかぶった姿を衆人にさらしているわけだから、悪いこともおちおちできない。

　ましてや人気のある女性は、他の男たちが列をなして自分の順番が来るのを待っている。毛布の中で話していると、早く終われと催促の小石が飛んでくる。これではデートとは名ばかりである。しかし彼女の心を射止めようと思えば、根気強く「みんなが見ている逢い引き」に通ってくるしかない。

　ハイ・ホースは彼女の気を引くため、身だしなみにいつになく気を使った。髪をきれいにすき、持っているなかで最上のエルク（鹿）の着物をきた。エルクは愛のメディスンを持っていて、その心臓と薬草を混ぜたものは惚れ薬として珍重された。ハイ・ホースにそんなものを用意する余裕はなかったが、せめてもの想いで、エルクの革を身にまとったのだ。そうして丹念な刺繍の入ったモカシンを履いた。耳には白い貝のイヤリングを飾り、香りの付いた油を身体に塗って出かけた。

　毛布の中で「二人っきり」になり、ハイ・ホースは娘に愛を打ち明けた。驚いたことに、娘もハイ・ホースに好意を寄せていた。ハイ・ホースは天にも昇る気持ちだった。彼は早速娘の父親を訪ね、彼女をとても愛していて一生涯大切にすること、また結納として馬二頭を提供することを申しでた。それが、彼の持っている財産のすべてであったのだ。父親は彼の求婚に耳を貸さず、手を横に振って彼を追い払った。

意気消沈するハイ・ホースを見た親友のレッド・ディアが、自分の馬を二頭貸してくれるというので再び出向いたが、それもすげなく断られてしまった。

食事も喉を通らぬほど恋やつれしたハイ・ホースに同情したレッド・ディアが、一計を案じた。二人して娘を盗み出そうというのである。二人は闇にまぎれて娘のティーピーにゆき、ハイ・ホースが彼女を抱え出すのを、レッド・ディアがティーピーの裾をまくって助け、娘に猿ぐつわをして一目散に逃げようと手はずを整えた。

ハイ・ホースがティーピーに潜り込むと、娘は特別にしつらえられた寝台に、革ひもでくくりつけられていた。昔は、婚前の娘の純潔を夜這いを仕掛けてくる不届きな若者から守るため、親たちは娘の両足をバッファローの紐で結わえたり、寝床にくくりつけたりしたものだった。

熱を上げているハイ・ホースを警戒する娘の両親の当然の防衛策だったが、寝台ごと運び出すわけにはゆかない。彼はその紐をナイフで切り始めたが、切るたびにパシンという大きな音がして、誰かが起き出すのではないかと気が気ではなかった。緊張のあまり手元が狂い、彼のナイフの切っ先が、娘の太ももを突いてしまった。

突如襲った痛みに娘は金切り声を上げ、目覚めた両親が何ごとかと騒ぎ始めた。二人は脱兎のごとくその場から逃れた。

しかし二人は、これで諦めはしなかった。レッド・ディアがさらに一計を案じ、恋で盲目になっているハイ・ホースはすぐさまその案に乗った。今度はハイ・ホースが悪霊のいでたちをして、娘を盗みにゆこうというのだ。そうすれば万一人に見つかっても、人は恐れをなして追ってはこないだろうというわけだ。

裸になって身体を真っ白に塗り、それに黒い縦縞を入れ目の周りを黒く塗ったハイ・ホースが、ティーピーに忍び入り、前回同様、娘を縛る革紐を切り始めた。その音で娘の母親が目覚めてしまった。ハイ・ホースは息をつめ地面にひれ伏した。だが母親が再び眠りに落ちるのを待っている間、不覚にも彼の方が寝入ってしまった。長い恋わずらいで睡眠不足が重なり、疲れが頂点に達していたのだ。

翌朝娘は、自分の側に恐ろしい怪物がいるのを発見して、叫び声をあげた。しかし一番驚いたのは、なぜかそこにいるハイ・ホース自身であったにちがいない。キャンプ中が大騒ぎとなったが、悪霊のたたりを恐れ、逃げるハイ・ホースを追いかけて来ようとする者はいなかった。

すっかり落胆したハイ・ホースは、今となってはすべてを捨てて、さすらいの旅に出かける決心をした。「兄弟よ、おまえを一人にはせんぞ」と言って、忠実なレッド・ディアが彼についてきた。

ところが、運命とはわからないものである。数日旅したのち、二人はクロー族の野営地に行き当たった。そして、警備が手薄の馬のたまりを急襲して、百頭もの馬を盗み出すことに成功した。三日三晩かかって、二人は捨てたはずの自分たちのキャンプに凱旋した。ハイ・ホースは真っ先に娘の父親のところにゆき、馬を示して三度目の求婚をした。

父親は今度は断らなかった。そしてハイ・ホースに言った。「私が欲しかったのは、馬ではない。勇気ある息子が欲しかったのだ」と。

6
夫の約束

〈テワ〉

むかしサン・ウアンの村に、深く愛しあう恋人たちがいた。青年の名はカピーンといい、乙女はウィロー・フラワーといった。カピーンは逞しく勇敢で、ウィロー・フラワーは美しく優しく、二人は理想のカップルとして、村中に祝福されて結婚した。結婚式の夜、二人は生きている限り決して離ればなれにならないという堅い契りを結んだ。

若い二人は村の外れに家をたて、幸せに暮らしていた。だが、三月がたつ頃、ウィロー・フラワーの具合が悪くなった。カピーンは薬草をとりに行ったり、まじないをしたり、彼女を助けるためにあらゆる手だてを尽くしたが、ウィロー・フラワーの病気は悪くなる一方だった。そしてある日、カピーンの甲斐甲斐しい看病にもかかわらず、ウィロー・フラワーはついに死んでしまった。

カピーンは悲嘆にくれ、見るも哀れなさまだった。あんなに離ればなれにならないと約束したのに、なぜウィロー・フラワーがこんなにも早く彼をおいていってしまったのか、訳がわからなかった。毎夜毎夜、彼の枕は涙で濡れたが、長い時がたつうち、彼は悲しみと同居するすべを身につけはじめた。淋しい夜には、彼の両親の家を訪れるようにした。

ある夜帰宅の途上、彼は村のはるか遠くに、火が燃えているのを見つけた。次の何日間か、火は決まって真夜中近くに、同じ場所で光っているのだった。彼はだんだんこの火のことが気になりはじめた。昼間、働いている時でさえ、この火のことを思い出すようになった。

ある夜彼は、あの火のところまで行って正体を確かめようと決心した。家を出て一時間ほど歩いて、火の場所にたどりついた彼は、そこに家が立っているのを見つけて、びっくりした。驚いただけでなく、実は恐ろしかったのだが、家の中に誰がいるのだろうという好奇心が彼の後ずさりを止めた。

彼はこっそり窓の中を覗いた。そして腰が抜けるほど驚いた。そこには何と、死んだはずの彼の愛する妻がいるではないか！　妻は暖炉の側に立って、膝まで伸びた彼女の美しい黒髪を梳《くしけず》っていた。

カピーンは言った。「ああ！　やっと彼女に会えた。あの火はこのことを教えてくれていたのだ。なんでもっと早くこなかったんだろう！　それにしても、よそ行きの服を着て彼女はいったいどこへゆくのだろう？」

彼の妻は、髪をとき終わって真新しい純白のモカシンを履こうとしている。彼女がどっかへ行ってしまう前に話しかけなければと、カピーンは慌てた。彼は入り口に向かって階段を登り始めた。彼が入り口についた時、彼女は屋上への梯子に足をかけたところだった。

「そこで何をしているの？」彼に気づいたウィロー・フラワーが言った。まごつく彼に向かって、「ここに入っていらっしゃい」と声をかけた。

カピーンは彼女の側に行って、不思議な火のこと、その火に導かれてここまでやって来たことを告げた。

「君がここにいることを知っていたら、もっと早く来たものを」と彼は悔しがった。

「でも、あなたはここに入れないわ。すぐにも戻ってちょうだい」

「なぜだ？　いったい君は何を考えているんだ。結婚した時の約束を覚えていないのかい？決して離ればなれにはならないと約束したじゃないか。やっと君に会えたんだ。僕はずっとここにいるよ」

ウィロー・フラワーが怒って言った。「だめよ。あなたはここの人じゃない。あなたの時が来るまで、私と一緒にはなれないの。早く戻って。取り返しがつかなくなる前に」

カピーンはそれでもそこに残ると言い張った。そのことで二人は長い間言い合いをした。そしてついにウィロー・フラワーが折れた。

「わかったわ。一晩だけここにいさせてあげる。あなたが人間であるという条件でね」

「僕は人間に決まってるじゃないか」カピーンが言い返した。

「いいわ。明日の朝まで私と一緒にいて。そして本当に明日の朝までいられたら、あなたと一緒に村に帰るわ。わかった？」

カピーンは彼女がおかしなことを言うとは思ったが、彼女と一緒にいたいばかりに深く考えることはしなかった。

ウィロー・フラワーが寝床の準備をして、ほどなく二人は眠りに落ちた。夜中の三時頃、カピーンは鼻腔を刺すような強烈な臭いで目をさました。その臭いは彼の妻の身体から発していた。カピーンは、その腐った肉の臭いにすぐに耐えられなくなった。彼はこっそり床を抜け出して、服を身につけた。

「彼女が目をさます前にここを出れば、助かるだろう」と彼は思った。そして彼は物音を立てないように気づかいながら、階段を登った。最後の段に足をかけた時、ウィロー・フラワーが目覚めて、叫んだ。

「卑怯もの！　すぐに戻ってらっしゃい。よくも約束を破ってくれたわね。覚悟して！　この借りは払ってもらうわよ」

カピーンはまだ死の国の住人になる覚悟はできていなかった。彼はその家を飛び出し、全速

力で村に向かって走りだした。ウィロー・フラワーも疾風のように素早かった。あっという間に家を出て彼の後を追った。

カピーンがリオ・グランデ川に差しかかった時、年老いた村のメディスンマンに会った。彼はちょうど山に獲物を取りに行くところだった。

「いったい、どうしたんだね。誰かに追われているのかい？　お前の身に何かひどいことが起きているようだね」

カピーンはものも言えない状態だったが、荒い息のなかで、やっとのことで声を出した。

「ウィロー・フラワーから逃げているのです」

「いったことじゃない」メディスンマンは続けた。「いつまでも死んだ者に執着するから、こんなことになるんだ」

「どうぞ、助けてください。あなたのパワーで僕をウィロー・フラワーの手の届かないところへやってください」カピーンはメディスンマンに懇願した。

「この地上にウィロー・フラワーから逃れる場所はない。仕方がない。空の彼方に矢で射放ってやろう。あそこなら十分に逃げ回る場所があろう。さあ、この特別の矢にお乗り」

カピーンはメディスンマンの言う通りにした。

「カピーンよ、そこで大丈夫かい？」

「はい、大丈夫です」

「いいか？　今、空に向かって矢を射るぞ。もうウィロー・フラワーに捕まることはあるまい」

びゅっという音をたてて、矢が放たれ、カピーンが空に向かって飛んで行った。メディスンマンが元の道に戻って数分後、今度はウィロー・フラワーに出くわした。

「おはよう、娘さん。どこへゆくのかい？」

「カピーンを追いかけているの。彼を見ませんでした？」

「カピーンなら、ちょっと前に川のところで話をしたよ」

「あなたは力あるメディスンマンです。彼がどこへいったか教えてください」

「カピーンは、空の彼方へ行ってしまった。彼に会いたいのなら、そこへゆくしかない」

「あなたの強い弓で、どうか私を空に射放ってください」

ウィロー・フラワーの頼みを聞いて、メディスンマンは彼女を特別の矢につがえ、空に向かって放った。

＊

今でもウィロー・フラワーはカピーンを追いかけている。もし今晩外に出たら、西の空を見てごらん。二つの星が、一フィートも離れていない場所で輝いているのがわかるよ。最初の星がカピーンで、二番目のが夫を追いかけているウィロー・フラワーというわけだ。

7 イクトミが間違って妻と寝た話

〈ラコタ・スー〉

イクトミがまたぶつぶつ言っている。彼はイライラしながら妻を見て思った。

「この女はすっかり年とってしまった。もうちっともきれいじゃない。顔はシワだらけ、おっぱいは垂れ下がり、からだ中カラカラになってしまった。こんな女と寝るのはちっとも楽しくない。オレは若い、かわいい女が欲しい。すぐにでも若い女を探さにゃならん」

彼の妻も彼を見た。彼女はイクトミを知りすぎるほど知っていて、彼が何を考えているか、顔をみればすぐわかるのだ。

(「このろくでなし！ どっかの若くてきれいな女のことを考えているよ。私を喜ばせもしないでさ！ うんと懲らしめてやろう」)

「おい、出かけてくるぞ」とイクトミが言った。「大切な用事ができた」

「そうだろうよ」と妻が答えた。

イクトミは若い女を誘惑しようと探していた。そして彼が好みの若い女が見つかった。若くて美しく、瞳も唇もいつも笑っているような娘だった。肌は透明感があり、スベスベだった。彼女は白い上等の鹿革の服を身につけていた。服には小さい鈴がついていて、彼女が動くたびにかわいい音をたてた。

「この女だ！」イクトミは思った。「今晩この女と寝るぞ！」

イクトミはこの若い女に近づいていって尋ねた。

「お嬢さん、後ろのティーピーはあなたのお家ですか？」

娘はただ笑った。

「私はきれいなものをたくさん持っているんですよ。なんならあなたにあげてもいいのだが」

娘はまた笑うだけだった。

「今晩みなが寝静まったころ、あなたのティーピーにやって来ますよ。入り口の左側に寝ていてください」

娘はまたただ笑った。

「僕はね、素晴らしい恋人になるよ。どんな喜びが君を待っているか、まだわからんだろうねえ！」

娘は笑うだけで、イクトミに取り合わなかった。なにしろイクトミときたら、まるで道化のようだったから。だがイクトミは彼女の笑いを同意と取った。

「じゃあ、失礼しよう。今晩だよ。入り口の左に寝るのを忘れないで」

イクトミの妻が木陰からこの様子をみんな見ていた。イクトミが去った後、妻は娘のところへ行った。

「お嬢さん、あのろくでなしが今夜つき合わないかと言わなかったかい？」

「ええ、そう言ったわ」陽気な娘が笑いながら答えた。

「そんなことだと思ったよ。それでこのティーピーの中で会おうというのかい？」

「ええ、この中でよ」

「それでお嬢さんは、ティーピーのどこに寝るのかい？」

「彼は入り口の左側に寝るように言ったけど」

「お嬢さん。私と入れ代わりましょう。洋服も取り替えて」

「でも、言うことを聞いたら何をくれる？」と娘が尋ねた。

「おやおや。じゃあ、青と赤のビーズで出来たこの素敵なチョーカーをあげるよ」

「それだけ？」

「それじゃあ、珍しい貝殻で出来たこの高価な髪飾りでどうだい？」

「まあ！　なんてきれいなの！　わかったわ。今晩入れ代わりましょう」

それで娘はイクトミの妻の服に着替えて、イクトミのティーピーに行った。娘の服を着て、妻は約束のティーピーで待っていた。その夜遅く皆が寝静まってから、イクトミは娘のティーピーに忍び寄った。

左側の女が寝返りをうつとかすかな鈴の音がした。イクトミはその方向へ這い寄って行った。

「かわいい娘よ、私だよ、恋人のイクトミだよ」と娘の耳もとに囁いた。暗闇の中でクスクス笑う声がした。

「愛しい君、おまえの唇はなんて爽やかな味がするんだ。あの古女房とは大違い！」

また笑い声がした。

「ああ、このハリハリしたおっぱい！　妻の垂れ下がったのとは雲泥の差！」

笑い声が大きくなった。

「ああ、若い娘よ。君はなんて情熱的なんだ！　燃える火のように私に応えてくる。丸太棒のようにただ転がっている古女房とは大違いだ」

笑い声がさらに大きくなった。

「なんとしっとりして気持ちがいいこと！　カラカラに干上がったあいつとは大違い」

娘は今や身悶えするほど笑っている。

「ああー、おおー！」

笑いは続く。

「うむ、間違いなく楽しんだぞ。いやはや、こんなに気持ちよかったのは久しぶりだ。さて、そろそろ帰らにゃならん。また近い内にやってくるよ」

女が最後に笑った。

「この娘は、笑う時以外口を開かないのだろうか?」喘ぎながらイクトミは思った。それから彼はそろそろと家に戻った。なにしろ娘との一夜でくたくただったから。

彼が自分のティーピーにつく頃には、娘と妻は元通りになっていた。イクトミは妻の横に滑り込み、深い眠りに落ちた。朝目がさめると、妻はもう床を離れていた。

「おい、おまえ。腹がへった。なんかうまいものを食わせてくれ」

「これでも食らえ」と言うやいなや、女房がイクトミをカブ掘り用のシャベルでひどく打った。

「やめろ! やめてくれ! 気でも狂ったのか。なんでオレをぶつんだ?」

「私の唇は爽やかじゃないって!」妻がまた彼を打った。

「おお、おお、助けてくれ!」

「わたしの肌はシワだらけだと!」イクトミのからだ中を妻は打った。

「やめろ、やめろ! 痛いじゃないか!」

「おっぱいは垂れ下がっていると!」妻は攻撃の手を早めた。

「やめろ！　オレを殺す気か！」

「私は熱くないって？　丸太棒のように転がっているだけだと！」強烈な一撃がイクトミにはいった。

「ほんとに死んじまうぞ！」

「カラカラに干上がってるって？　気持ちよくないって!?」妻の打擲《ちょうちゃく》はますます激しさを増した。

「許してくれ！　もう絶対お前以外の女とは寝ないから」

「この嘘つき！」妻を手を緩めなかった。

イクトミは命からがらにティーピーを抜け出して妻から逃れた。妻が追いかけて来るのではないかと恐れをなして、必死で駆けた。かなり走ってから彼は立ち止まった。からだ中が痛くてもう動けなかった。痛いのはからだだけではなかった。

「そうか、あの醜い古女房と寝たわけか」と彼は気づいた。「あいつにしてやられた。だが、なんであいつとわからなかったんだ？　オレは感覚が麻痺しかかっているのか。へたすると今度は老婆のお化けとやっちまうかもしれん。うむ、今度からもっと注意深くなるぞ」

しばらくしてイクトミは腹ぺこなのに気づいたが、誰も食べ物をくれはしなかった。しかたなくイクトミは足を引きずりながら、自分のティーピーに帰って行った。ティーピーに戻ると甘ったるい声で妻に囁いた。

「ねえ、おまえ。やっぱりおまえが一番だよ。仲直りしようよ。夕べは楽しませてあげたじゃないか？　それで朝御飯はなんだい？」

8

スポティッド・イーグルとブラック・クロー

〈ラコタ・スー〉

むかしむかし、二人の勇敢な戦士がいた。ひとりはスポティッド・イーグル（まだらワシ）、もうひとりはブラック・クローだった。二人は仲の良い友達だったが、二人とも同じ少女に恋をしていた。彼女の名前はレッド・バードといった。レッド・バードは美しいだけでなく、革鞣しとヤマアラシの針の刺繍がとても上手だった。レッド・バードが好きなのは、スポティッド・イーグルの方で、ブラック・クローはそのことを妬ましく思っていた。

ブラック・クローはある日友達に言った。「パハニの村を襲って、馬を取ってこようぜ。そうしたら褒美のワシの羽根がもらえる」

「いい考えだ」とスポティッド・イーグルが応じたので、二人はさっそくスウェット・ロッジで身を浄めた。二人は自分の戦いのメディスンと楯を取り出し、顔をペイントし、戦士が戦いの前に行うべきすべての準備をすませて出発した。

だが襲撃はうまくいかなかった。パハニの守りは厳重で、二人は馬の群れに近づくことさえできなかった。パハニの馬を盗めなかったばかりか、馬の群れに這いずって近づいている間に、自分たちが乗ってきた馬をパハニに取られてしまった。パハニが二人を捜しまわる中、二人は自分の足で逃げるはめになった。パハニの追跡は執拗で、ある時は長らく湖にもぐり、葦の茎を口にくわえ先を水上に出し空気孔にして息をついだ。苦労したが、彼らは上手に追っ手をかわし、パハニはようやく追跡を諦めた。

徒歩での帰りの道のりは長かった。履いていたモカシンは裂け、足からは血が流れた。高い崖のふもとに着くとブラック・クローが言った。

「ここを登って奴らがまだ追いかけて来ているかどうか確かめよう」

二人は崖をよじ登り平原を見渡したが、追っ手の姿はどこにもなかった。だが遥か下の岩棚に、二羽のワシのひな鳥がいるのを発見した。

「手ぶらで帰るのは恥ずかしい。あのワシを捕まえて帰ろう」とブラック・クローが言った。切り立った崖をおりるのは難しそうだったが、ブラック・クローが革紐《ひも》で輪っかをつくり、スポティッド・イーグルの胸に巻いて彼を岩棚まで降ろすことにした。

スポティッド・イーグルが岩棚に辿り着いた時、ブラック・クローは思った。「あそこにスポティッド・イーグルを置き去りにすれば、彼は死ぬだろう。そうすれば、俺はレッド・バードと結婚できる」。ブラック・クローは握っていた縄を手放し、スポティッド・イーグルの叫びに耳も貸さず振返りもせずその場を立ち去った。

スポティッド・イーグルはようやく友の裏切りに気づいた。彼は置き去りにされ殺されるのだ。奈落のような崖は地面まで三〇〇フィートもあり、縄は使いものにならなかった。巣の侵入者である奇妙な二本足の生き物に、キーキーと怒りの叫びをあげる二匹のワシを除けば、彼は世界でひとりぼっちとなったのだ。

村に戻ったブラック・クローは、スポティッド・イーグルは勇者らしく死んだとみなに伝えた。「パハニが彼を殺した」と彼が言うと、村に大きな嘆きの声が起こった。誰もがスポティッド・イーグルが好きだったのだ。レッド・バードはナイフを腕にたて、髪を切って喪に服した。しかし時がたち、人生はままならぬと諦めたレッド・バードは、ブラック・クローの妻となった。

スポティッド・イーグルはまだ生きていた。ワシは彼に馴染み、親鳥がたくさんの食べ物を捕って来てくれた。ウサギやプレイリー・ドックや野鳥を二匹のひな鶏と分け合って、命を長らえることができた。ワシたちが彼を受け入れてくれたのは、彼がいつも身につけていたイーグル・メディスンのお守りのお陰かもしれなかった。それでもそこで生きていくのは、大変な苦労だった。岩棚は非常に狭く、寝ている間に転げ落ちないよう、突き出た岩に自分の体を結わえつけて眠った。岩棚が快適な家であるワシとは違って、彼は二本足の人間だったのだ。

二羽のひな鳥は成長し、飛ぶ練習を始めた。「これから俺はどうなるのだろう」とスポティッド・イーグルは考えた。「ひな鳥が成長して巣立てば、親鳥はもう食べ物を運んでこない。そうなればもう、俺は死ぬほかはない」。だが次の瞬間わけのわからない閃きがあり、彼は自分に言った。「俺は、ここでただ手をこまねいて死ぬわけにはいかない」

スポティッド・イーグルはメディスン・バンドル（聖具を入れた包み）からパイプを取り出し、空にかかげて祈った。「大いなるワカンタンカ、我を憐れみたまえ。あなたは私にワシの名を授けてくれた。私はこれからワシに大地まで運んでもらおうと思う。どうぞワシたちが私を助けてくれるよう、どうぞ、守りたまえ、力を与えたまえ」

それからパイプを吸うと、勇気と自信がみなぎった。彼は二羽の若ワシの足をしっかりと摑んだ。「兄弟よ、君らは私を一族として受け入れてくれた。生きるも死ぬも、これからは一緒だ。さあ、行こう！」彼は岩棚から飛び下りた。

スポティッド・イーグルは、地面に叩きつけられることを覚悟した。だが二羽の奇跡的なはばたきで、無事地面に降りついた。彼はすぐにワカンタンカに感謝の祈りを捧げた。それからワシにお礼を言い、いつの日か必ず贈り物を持って帰って来て、彼らを顕彰するギヴ・アウェイを行うと約束した。

スポティッド・イーグルが村に戻ると、村中が沸き返った。彼はすっかり死んだものと思われていたのだ。みながどうやって戻ってこられたかを知りたがったが、彼はただ「うまく逃げただけだ」と言うだけだった。彼は愛するレッド・バードが、裏切り者の友と結婚したのを知ったが、一言も言わなかった。敵意や諍《いさか》いを村にもたらすのは、彼の望むところではなかった。なによりいったん起きたことを変えることはできない。そう思って彼は、自分の運命を受け入れたのだ。

一年の後、パハニの戦団が村を襲った。敵の戦士は十倍もいて、とても勝つ見込みはなかった。スーの戦士ができることは、後方の年寄り、女、子どもたちを川向こうに逃がすために、できるだけ防戦を持ちこたえ、退避の時間を稼ぐことだけだった。部族のものを守るために、一握りの勇敢な戦士が前線で果敢に戦った。少数ながら何度も先制攻撃をかけ、相手を押しとどめ戦団の再編を余儀無くさせた。

敵前に体を曝《さら》しもっとも勇敢に戦ったのは、スポティッド・イーグルとブラック・クローだった。最後には前線に立つのは、二人だけになった。ブラック・クローの馬が突然射かけられ、どうと倒れた。「兄弟よ、すまなかった」とブラック・クローが叫んだ。「どうかおまえの馬に同乗させてくれ」

「お前はキット・フォックスの戦士だろう。印の帯を身につけるものだろう。ならばなぜ、帯に槍をさして地面に釘付けにならない。死ぬまで不退転の意志をしめさない？ お前が生き抜いたら許してやろう。もし死んでも許してやることに変わりはない」

「そうだ、俺はキット・フォックスだ。自らを地に結わえよう。ここで勝ち抜くか死ぬかだ」

そこで彼は「死の歌」を歌い、激しく戦った。槍を抜いて彼を解き放し、馬に乗せる者は誰もいなかった。それが戦士の作法だ。彼はその場でたくさんの矢を受け、槍に刺され、勇士の死を選んだ。彼の体のかたわらには彼が倒したたくさんのパハニの死体も転がった。

スポティッド・イーグルはブラック・クローの最後をみとった唯一の戦士だった。彼は川を渡り、急ぎ仲間の戦団に追いついた。もうパハニは追ってはこなかった。村に帰り着いて、スポティッド・イーグルは、レッド・バードに告げた。「おまえの夫は、勇士として死んだ」と。

それからしばらくの時がたち、スポティッド・イーグルはレッド・バードと結ばれた。それからさらに時間がたってから、彼は両親にだけ、ブラック・クローの裏切りを打ち明けた。

「俺はもうブラック・クローを許している。あいつはかつては俺の友達だったし、みなのために戦って勇士として死んだ。それに何より、俺はレッド・バードと今幸せだ」

長い冬が終わってまた春が巡って来た時、スポティッド・イーグルは妻のレッド・バードに告げた。

「俺は約束を果たすために、二、三日、一人で出かけなければならない」

彼は馬に乗って村を出て、ワシの巣のあったあの崖の麓までやってきた。そこで彼はパイプを取り出し、聖なる四つの方角と祖母なる大地、祖父なる空にむかって捧げ持ち、パイプを吸って煙を天に登らせ声をあげた。

「小さいワシの兄弟たちよ！」

雲の上の空の高みに、二つの黒点が現れ、旋回するのが見えた。それは彼の命を助けてくれたワシたちだった。彼らはスポティッド・イーグルの呼び声に応えてやって来たのだ。大きな羽根を王者のごとく広げ、彼を見つけた喜びの鋭い声をあげながら急降下して、彼の足元に降り立った。スポティッド・イーグルは羽根の扇でワシたちを撫でながら、何度も何度も礼を言い、バッファローの肉のとっておきの部分をワシに与えた。それから彼らの足に友情の証の小さなメディスン・バンドルを結わえ、その場に聖なるタバコの葉をまいた。

こうしてスポティッド・イーグルは、彼の民とワシの民との間に友情の証をたて、兄弟の契りを結んだのだ。堂々たるワシはそれからまた空に舞い上がり、風にのってゆっくりと旋回したあと、雲の中に消えていった。スポティッド・イーグルはそれを見届けてから馬の向きを変え、レッド・バードの待つ村へ帰って行った。心底満ち足りた想いを持って。

9 空を持ち上げる話

〈スノーミッシュ〉

創造主は、最初東に世界を作った。それから彼はゆっくりと西に進みながら、万物を創造していった。彼はたくさんの言葉を携えてきて、彼が作った異なる人々のグループに、違う言葉を一つひとつ与えていった。

創造主がプーケ・サウンドについた時、そこがたいそう気に入ったので、彼はその地に落ちつくことにした。しかし持って来た多くの言葉がまだ残っていたので、創造主はそれらを、プーケ・サウンドとその北方にばらまいた。そういうわけでこのあたりには、違う言葉がたくさんあるのだ。

言葉が違うので、人々は集《つど》って話すことができなかったが、一つだけ共通の不満があることが何となくわかった。それは創造主の世界の作り方だった。空が低すぎて、背の高いものたちは、しょっちゅう頭を空にぶつけていたのだ。それに人々は時々高い木によじ登って、入ってはいけないことになっている空の世界に忍び込んだ。

ついに各部族の賢者たちが集まって、何とか空を持ち上げられないかと相談を始めた。そこで彼らはみなで力をあわせて、空をもっと高く押し上げることに決めた。

「みんなが同時に押し上げたら、きっと上がるに違いない」と賢者の一人が言った。「そのためには、すべての人間、動物、鳥たちを総動員しなければならん」

「でも、どうやってみなが押し上げる時を知るんだ？」他の賢者が尋ねた。

「ここに住んでいるものもあれば、遠くに住んでいるものもいる。その上、みんなが同じ言葉をしゃべっているわけじゃない。いったいどうやったら、みながいっせいに力を出すことができるんだ？」

この問題で会議に出ているみなが頭を悩ませているとき、ある賢者が提案した。

「みながわかる合図の言葉を作ってはどうだろう。みんなの準備が整って、押せる時が来たら、誰かに『ヤッホー』と叫ばせよう。それをすべての言葉で『みなで押し上げろ』という意味にしようじゃないか」

そこで賢者の会議は、すべての部族、動物や鳥たちに使者を送ってこのことを告げ、空をみなで押し上げる日を決めた。生きとし生けるものたちはその日に備えて、モミの巨木から空を押し上げるための柱をこしらえた。

ついにその日がやって来た。すべてのものたちが用意した柱を立てて空に触れた。そして賢者の一人が叫んだ。「ヤッホー！」

みなが力を合わせて柱を押し上げると、ほんの少しだが空が持ち上がった。賢者の二度目の「ヤッホー！」の合図で、みなは精一杯の力を出して押し上げた。二回目はさっきより数インチ上に持ち上がった。今度はみながいっせいに叫んだ。「ヤッホー!!」そしてあらん限りの力で押した。

「ヤッホー！ ヤッホー！ ヤッホー！」みなは叫び続け、何度も何度も押し上げて、ついに空を今ある位置まで押し上げることに成功した。それ以来、空に頭をぶつけるものはいなくなったし、空の世界によじ登ることはできなくなったのだ。

さて、地上のみんなが空を押し上げることを決め、懸命にその作業に取り組んでいるとき、そのことを最初からまったく知らないでいたものたちがいた。彼らは三人の狩人で、その間中ヘラジカを追いかけ回していた。人間と動物、鳥たちが、空を押し上げようとした瞬間、三人の狩人と四匹のヘラジカは、地上がちょうど空に届く地点にいた。ヘラジカがこれ幸いと空の世界に飛び乗ると、狩人たちも彼らの後を追った。空が持ち上がったとき、彼らも一緒に持ち上げられてしまった。

空の世界で、彼らは星たちに姿を変えられてしまった。今でも夜になると、星となった彼らの姿を見ることが出来る。三人の狩人は、北斗七星の柄の部分となった。真ん中の狩人が連れていた犬は、小さい星となって彼に従っている。四匹のヘラジカは、柄杓《ひしゃく》の部分になった。

他にも、三人乗りの二艘のカヌーと一匹の魚が、空の世界に残されて戻って来られなくなった。狩人も、小さな犬も、ヘラジカも、小さな魚も、カヌーに乗った人々も、もともとは地上に住んでいたのだが、みんな星になって空に輝いている。

重いカヌーを持ち上げたり、大変な仕事を一緒にするとき、今でも私たちは「ヤッホー！」と叫ぶ。「ヤッホー！」と言うとき、みんなが持っているすべての力を出す。そして声のピッチをあげ、母音の「オー」をずっと長引かせて、「ヤッホオーーー」と叫ぶのだ。

みなが力を合わせれば大きな仕事も可能になる。

10 偉大な創造主が美しい国を作った

〈シャイアン〉

始まりの時、偉大な創造主が、大地と水と、太陽と月と星を作った。それから遥か北に美しい国を出現させた。そこには雪も氷も、厳しい冬の寒さもなかった。そこはいつも春の陽気で、野生の野イチゴやたくさんの野生の果物がたわわに実り、緑の木陰にきれいな小川がいく筋も流れていた。

この美しい国に偉大な創造主は、あらゆる種類の動物、鳥、虫や魚を住まわせた。それから人間を作って他の生きものと一緒に住まわせた。あらゆる大きな動物から小さな動物、すべての大きな鳥から小さい鳥、加えて魚も虫も人間と話すことができ、人間を理解した。人間同士は同じ言葉を持っていたので互いにわかりあい、諍いが起こることはなかった。彼らは素っ裸で暮らし、蜜や果物を食べて決して飢えることがなかった。動物たちに交じってあちこちに出かけ、夜になると疲れた体を、ひんやりとした草の上に横たえて眠った。昼間は動物たちと語りあった。彼らはみな仲間だった。

　偉大な創造主は、三種類の人間を創造した。最初の種は、からだ中毛むくじゃらだった。二番目は、頭と顔と足に毛のある白い人だった。三番目は頭にだけ長い毛の生えた赤い人だった。毛むくじゃら人間は強くて活動的だった。長いヒゲをたくわえた白い人は、狼と同じ仲間だった。なぜって彼らはその美しい国でもっとも狡く油断のならない種だったから。赤い人はとても機敏な走り手で、まだ誰も肉を食べることを知らない時、偉大な創造主は彼らに魚を捕って食べることを教えた。

　しばらくして、毛むくじゃらの人たちは北の国を去って、南の不毛の地へ行った。すると赤い人たちも、毛むくじゃらの人を追いかけて南へ行く準備を始めた。彼らが美しい国を去る前に偉大な創造主が彼らを召集した。この時初めてすべての赤い人が一堂に会した。偉大な創造主は彼らを祝福し、彼らの眠っている魂を揺り起こすためのメディスンを与えた。赤い人が何をなすべきかの知恵を持ったのは、それからだ。

　偉大な創造主は赤い人から一人を選んで、ばらばらの赤い人が一緒に働けるよう集団を組むことを教えた。偉大な創造主はまた彼らに、火打ち石や、矢じりや槍先、斧やコップや水入れなど、彼らが望むものを石から切り出して作る力を与えた。彼らはそれらの道具を使って一緒に狩りをし、ヒョウやクマやシカの革を身にまとうようになった。

それからというもの、赤い人たちはずっと一緒だった。彼らは毛むくじゃらの人たちが向かった南の方角に向けて、美しい国を出た。毛むくじゃらの人たちはまだ裸だったが、赤い人たちは偉大な創造主の教えに従って、今や服を身につけていた。赤い人が南に着くと、毛むくじゃらの人たちは、ばらばらになって、山の上の方の洞穴に住んでいた。彼らは赤い人を恐れて洞穴に引っ込んだので、赤い人はめったに毛むくじゃらの人に出くわすことはなかった。毛むくじゃらの人は土器と火打ち石を持っていて、洞穴の中には葉っぱや毛皮の寝床を作っていた。しかし、どういう訳だか、彼らの数は減り続け、ついには完全に消えてしまった。彼らがどうなったのかを知る赤い人も、もう誰もいない。

赤い人が南に住み始めてずいぶんたってから、偉大な創造主は、彼らに北へ帰るように言った。不毛な南の地に洪水が来るという。言われた通りに美しい北の国に帰ると、長いヒゲを持つ白い人と動物の一部がいなくなっていた。赤い人は動物たちと話すことができなくなっていたが、他の生きものを思う通りにすることができた。彼らはヒョウやクマやその他の猛獣に、彼らのために獲物を捕ってこさせた。赤い人の数は増え、背は高く強く、活発になった。

それから赤い人は再び美しい国を去り、南に向かった。洪水は去った後で、木や草が生い茂り、北の国のように美しい国になっていた。彼らがそこで生活を始めると、またもや洪水がやってきて大地を押し流し、赤い人はばらばらになった。大洪水が引いて大地は乾いたが、赤い人たちは元の一つの民になることはなかった。彼らは偉大な創造主に導かれる前にそうであったように、小さなバンドに分かれてそれぞれが方々に旅した。洪水がすべてを押し流したため、人々は飢えに苦しんだ。それで彼らはふる里の北にまた帰ることにした。

北に戻ったが、彼らを待っていたのは不毛になった土地だった。そこには木もなく、生きものもいず、水の中に魚も住んでいなかった。美しかったふる里の変わりように、男たちは大声を上げて泣き、女と子供たちはすすり泣いた。

しかたなく人々はまた南を目指した。彼らはそこで頑張ったが、過ごしやすい年も、厳しい年もあった。そうして何百年かがたったある年の冬が来る前に、大地が揺れ、丘から火と煙が広がった。冬が来ると何回もの洪水が起きた。冬はとても長く厳しく、人々は毛皮をまとって洞穴に住まなければならなかった。

春になると、ほんの少し残った木が芽吹いたが、食べものはなく赤い人は飢え死に寸前になった。その時、偉大な創造主が赤い人を哀れに思い、トウモロコシとバッファローの肉を与えた。それからというもの洪水と飢饉がやってくることはなくなった。赤い人は南に住み続け、彼らの数は増した。たくさんのバンドに分かれた赤い人は、異なる言葉を使うようになり、二番目の洪水の後には、彼らが一つの民としてまとまることはなくなった。

シャイアンの祖先は、赤い人の中でも超自然の知恵に恵まれた人だった。彼らは赤い人ばか

りでなく、動物たちも惹きつけた。どんなに猛り狂った野獣でも、彼らにはおとなしくなり、赤い人が自由に操ることができるようになった。遠い北からやってきたシャイアンの祖先の聖なる知恵は、代々受け継がれ今にいたっている。だが古い儀式がわかるのは、伝説のメディスンマン、ブッシー・ヘッドだけになった。シャイアンは彼を聖なる矢の人と位置づけている。

＊＊

この話には現実のシャイアンの歴史も織り込まれている。一六世紀にオジブワ族によって北の豊かな狩り場から追い出されたことや、一八世紀の部族分裂や農耕をすてて狩猟民になったことである。また物語は一九世紀に合衆国によって南（オクラホマ）の暑く不毛な土地の保留地に追い込まれたシャイアン族の涼しくて緑豊かな北（モンタナ）への回帰願望を反映しているだろう。現在シャイアン族は南へ残った「南方シャイアン」と、ダル・ナイフに率いられて南を脱出して北にもどった「北方シャイアン」に分かれている。彼らは大いなるスピリットの教えを守る七人の矢の守り人を聖なる人と呼び尊敬する。

11 ブラック・ヒルズの大レース

〈ラコタ・スー〉

数えられないほど多くの冬のむかし、限りのない闇が広がり、その闇の中に始まりの存在、イヤンがあった。イヤンは非常に柔らかく、彼の力は彼の青い血液をくまなく巡っていた。イヤンをあらしめた偉大な魂が、ワカンタンカである。イヤンはたいへん力ある存在であったが、常に一人でいるのが寂しくなり、身を揺すってマカ（大地）を生んだ。

それから、自らの血管を開いて青い血を大地に流し、それがムニ（水）となった。ムニは溜まって海となり、流れて川となった。イヤンはムニから青い色を取り出し、上方に投げた。するとマピア（空）が出来た。こうして、イヤンは自分のあらかたを与え尽くし、縮んで石となった。

イヤンに宿るワカンタンカの、聖なる偉大な力を分け与えられたマカ（大地）とムニ（水）とマピア（空）は、互いの力を出し合って光を作った。しかし光に熱はなく、マカが寒がるので、協力してウィ（太陽）を生んだ。

マカは、自分が裸のままであることを恥ずかしがり、自分を覆うさまざまなものを生んだ。育つもの（植物）を生み、地を這うもの、翼を持つもの、四本足で動くもの、二本足で動くものを誕生させた。二本足で動くものは熊で、彼に知恵を与え、その象徴とした。マカはそれから女と男を創造し、彼らに物事を判断する能力を与えた。

すべての創造はイヤンに宿るワカンタンカから発し、生まれたものにはすべてワカンタンカが宿っている。マカはことに多くの命を生んだので、母と呼ばれ、その子どもたちの命は生命連鎖の輪の中ですべて繋がっている。人間がその輪の中心にいるのではない。自分のためだけに他の自然存在物を破壊したり、殺戮したりすることは、命の連なる聖なる輪を切ること、自然界の調和を乱すことなのである。物事を判断する力をワカンタンカに与えられた人間が、この調和を維持する責任はたいへん重い。

しばらくの間、マカの上で生きとし生けるものは互いを尊重しあい、仲良く暮らしていた。ところが、二本足の人間たちがだんだん欲張りとなり、自然の規則をやぶって、幸せに暮らしているみなの調和を乱すようになった。マカは人間の行いを見るにつけ悲しくなり、大いに落胆した。

マカは二本足の人間に自分の誤りを気づかせ、元の調和の世界を取り戻すためには、なんらかの措置が必要だと考えるようになった。彼女は彼女が生んだ子どもたちに、彼女の懐に戻るよう呼びかけた。そこがマカの心臓、ブラック・ヒルズである。

しかし多くのものは彼女のメッセージを理解せず、そこにやってきたものは少なかった。マカは心臓を開いて、彼らを身の内にかくまった。それからマカが身を揺すると、大地は割れ、大洪水が起こり、多くのものたちが飲み込まれ、押し流された。マカはこうして自らを浄化したのだ。

それから静寂が訪れ、ブラック・ヒルズだけが静寂の中に変わらず聳えていた。浄められた世界に、マカはブラック・ヒルズの口から、かくまっていたものたちを吐き出した。その口が現在、ウィンド・ケーブと呼ばれているところだ。その口に耳をあてると、今でも地中から不思議なうねりとともに風が吹き出してくる。

再び地上での生活が始まった。ある日、カササギが散歩の途中、小さな茂みに降り立つと、四本足のものと、這うもの、植物たちが、茂みの向こうに集まっているのが見えた。その中のバッファローが、聴衆に向かって演説を始めた。

「諸君、このたびの洪水は二本足のものたちのせいだ。彼らが勝手気ままな生活をして、調和を乱した罪を、われわれまでが被ったのだ。二本足のものたちを追放しなければならない。破壊的な性格を持つ彼らさえいなければ、われわれ大地の子どもたちは仲良く、幸せに暮らしてゆける」

みなはバッファローの話を聞いてうなずきあい、さっそく二本足を追放する方法を相談し始めた。カササギは、みなに気付かれないようそっとそこを飛び立った。

カササギは戻るとすぐ、翼あるものたちを召集して、彼がいましがた聞いてきたことをみなに伝えた。四本足たちの意見はもっともで、自分たちもそこに加わるべきだと何人かが発言した。それまで黙って聞いていたフクロウが、静かに話し始めた。

「君たち、熊のことを忘れてはいけないよ。マカの子どもたちのうちで、もっとも知恵あるもの、知恵の象徴である熊は、二本足なのだ。知恵なくして、われわれはどんな良い暮らしができるのかね。第一この知恵が、二本足を含むすべてのものたちが再び仲良く暮らす方法を示してくれるはずだ」

フクロウの言うとおりだった。翼あるものたちは、みなフクロウの意見に従うことにした。二本足を除くマカの子どもたちが集まって会議を開き、二本足の処遇を競争によって決めることにした。四本足連合が勝てば、二本足は追放され、翼あるものたちが勝てば、命を長らえる。勝者はマカの心臓、ブラック・ヒルズを一番早く四周したものに決まる。

競争の朝、みながブラック・ヒルズに集まった。カササギがスタート・ラインに着くと、みなが馬鹿にしたように笑った。「冬に南に飛んでゆくこともできないものが、こんな耐久レースを走ろうっていうのかい」。カササギは、みなのからかいを黙って聞いていた。

出発の合図に、みながどっと駆け出した。みなは瞬く間に、カササギを追い越していった。その日の午後、カササギは親切な鹿に出会って、背中に乗せてもらった。そのうちみなに追いついたが、その日は夜遅くまでがんばり、翌朝も早く出発した。二日目もまたみなに抜かれたが、みながくたびれてきたことが、ありありとわかった。

レースは過酷だった。四本足の蹄は割れ、地面に血の跡を残した。皆の駆け足が大きな轟きとなって大地を揺らしたせいで、三周目が始まる頃、ブラック・ヒルズの背後に瘤のようにぽっこり大地が盛り上がった。四周目に差しかかったときには、すでに多くのものが脱落していた。

決勝地点が近づいた。先頭を走っているのはバッファローだった。カササギはすべての余力を出し切って、バッファローの背中に飛び乗った。そして、ゴールの瞬間に飛び出して勝利を収めた。

二本足がこうしてこの世にいられるのは、だからカササギのお陰なのである。レースの後、みなは競争の地響きのために盛り上がった場所に出かけて、表面を剝がすと、イヤン（原初の石）が出てきた。その場所を彼らは、熊の特別の住処にすることに決めた。そのために戦った知恵の価値を、それを見上げるたびに思い出すように。

マカは、彼女の子どもたちが払った犠牲を人間が忘れないよう、またこの世で暮らし続けることを許してくれた生きとし生けるものに対する感謝と責任をつねに覚えているように、血に染まった大地をそのまま残しておくことにした。ブラック・ヒルズの土は、だから今でも赤いのだ。

［カササギのレースの話は第1部でも一部を紹介したが、ここで、創世神話と含めて全体を掲載した］

12 白いバッファローの乙女

〈ラコタ・スー〉

夏といえば、散らばっていたバンドが一か所に集まって、大きなキャンプのサークルが出来るのが常だった。太陽は輝き、青い草が草原を被い、平原のバラは香しく、ハミング・バードのさえずりが人々に朝の訪れを告げた。親戚や友人たちがお互いのティーピーを訪ねて再会を喜び、男たちは大掛かりな狩に精を出した。狩がうまくゆくと、太鼓と歌とダンスの集まりを楽しんだ。夏は幸福な季節だった。

しかし、その夏はいつもと異なっていた。平原にバッファローは現れず、来る日も来る日も男たちは手ぶらでキャンプに帰ってきた。人々は飢え、子どもたちの泣き声が頻繁に聞こえた。「我らの部族が、四本足のスピリットを怒らせるようなことを、なにかしでかしたのだろうか」イタンチャン（族長）のスタンディング・ベアは、こう考えて心を痛めていた。

翌日、彼らはキャンプの最良のハンターを二人選んで、遠方までバッファローを探しに行かせることにした。ストロング・ボーは美しい二〇歳の若者で、獲物を見つけるや、決して的を外さなかった。もう一人のイーグル・アイはまだ一四歳だったが、キャンプで一番の斥候《せっこう》だった。彼の鋭い視力は、どんな小さな足跡も見のがさなかった。

その頃、部族はまだ馬を持っていなかったから、二人の若者は徒歩で出かけた。何日もバッファローを探し回ったが、一頭のバッファローを見つけることもできなかった。「あの丘に登って、平原を見渡してみよう。高い草に隠れたウサギくらい見つかるかもしれない」とイーグル・アイが提案した。「ウサギだろうがなんだろうが、何とか腹の足しになるものを見つけよう」とストロング・ボーは同意した。

頂上から眺めると、なにか動くものがあった。眩しい太陽に目を細めると、それはゆらゆら宙に浮いているように見えた。しかしそれは、待ちに待ったバッファローでないことだけは確かだった。だんだんと近づいてきたその姿は、なんと人間の女であった。二人の若者は、間近にやってきたその女性の姿にあっけにとられて、目を見開き口をあんぐりとさせた。

その女性はあまりに美しかった。彼女は房飾りの付いた真っ白のバックスキンの服を着て、同色の足あてとモカシンを履いていた。自然に垂らされた黒く長い髪の毛は、太陽の光を受けて輝き、左側にバッファローの毛の一房が結わえられていた。右手にはセージの扇を持ち、左手にはたくさんの香草を携えていた。左肘の内側に、赤いバッファローの革包みがしっかりと結わえられ、背には矢筒をかかえていた。

二人の目の前で、美しい乙女は話し始めた。

「わたしはバッファローの国からやってきました。あなたがたは、ある務めを果たすために選ばれた人々です。その任務はたいへん難しいものですが、それを果たしている限り、人々が飢えることはありません。みなの所にすぐに戻って、キャンプの輪の真ん中に新しいティーピーを建てるよう言いなさい。ティーピーの入り口は、必ず日の出の方角に向いているように。ティーピーの中にはセージを敷き詰めておきなさい。二本の二股の小枝を立て、その股に一本の枝を渡して、あるものが、そこに立てかけられるようにしなさい。そのラックの前に、バッファローの頭蓋骨を置いておくように。

わたしが携えていくものは、たいへん重要な意味を持つものです。それはあなた方に大いなる恵みをもたらす、聖なるものになるでしょう」

白いバッファローの乙女が話している間、彼女のあまりの美しさに目の眩んだストロング・ボーが、彼女に対してやましい考えを持った。すると天上から雲が降りてきて、ストロング・ボーをすっぽりと包んだ。雲が消えたとき、そこには彼の骸骨が横たわっていた。

イーグル・アイは恐怖におののいた。聖なる女に不敬の念を抱いて、友は罰せられたのだ。自分にもそら恐ろしいことが起きるに違いない。

「恐れることはありません。わたしはメッセージを持ってきただけです」彼女の歌うような声がイーグル・アイの恐怖を和らげた。

「明日の日の出とともにわたしは訪れます。さあもう行きなさい。そして決して後を振り返らないように」

キャンプに戻ったイーグル・アイは、さっそくことの次第を報告した。乙女の指示した通りにティーピーが立てられ、すべての準備が整った。人々は日の出のずっと前から起き出して、乙女の到着を固唾をのんで待った。乙女は定刻にやってきた。歌を歌いながらゆっくりと歩き、ティーピーに進んだ。ティーピーの中には、スタンディング・ベアと数人の代表者が待っていた。乙女の装束は前日と変わらなかったが、手にはパイプを携えていた。

ティーピーに入った乙女は、まずパイプを、用意されたラックに立てかけた。それから赤いバッファローの革包みを開いて、中のものをみなに見せた。タバコの葉、まだらワシの羽根、赤い頭のキツツキの皮、バッファローの毛玉、三つ編みに組まれた甘草がそこにあった。パイプが使われないときはその中にしまっておくように、と乙女は言った。

「わたしはワカンタンカの意志を受けて、あなた方の所へやってきました。ワカンタンカは、あなた方がこのパイプを持つに相応しい、誠実の民であることをご存じです。このパイプをスタンディング・ベアの元に残します。パイプを敬い、大切に扱いなさい。敵と和解するときや、民の心を一つにしたいとき、一緒にこのパイプを吸いなさい。このパイプで行う儀式を教えましょう。これらの儀式を、決しておろそかにしてはなりません。パイプの信仰にそってこれらの儀式が続く限り、民が苦しむことはないでしょう」

それぞれの儀式の作法を教えた後、白いバッファローの乙女はパイプに火を付け、四つの方角と天地に向けて、尊崇の煙を吐いた。それからパイプをスタンディング・ベアに手渡した。

「これでワカンタンカの意志を実行しました。わたしの言ったすべてをよく覚えておくよう」

乙女は立ち上がり、ティーピーを出ていった。人々は彼女の後ろ姿を目で追った。キャンプの外れに差しかかったとき、乙女は突然白いバッファローに姿を変え、平原に走り去った。

＊

白いバッファローの乙女がラコタ族にもたらしたというパイプを、彼らはオリジナル・パイプ、「始まりのパイプ」と呼ぶ。その後、このパイプを模して多くのパイプが作られ、パイプを持つものの数は増えた。パイプはラコタの信仰の証として、ラコタのすべての儀式で使われている。この始まりのパイプと信じられているものは、現在グリーン・グラスのルッキング・ホース一家の元にある。当主のアーバルが現在の「パイプ・キーパー」であり、彼は生きている限り、パイプの側を離れることはできない。スタンディング・ベアに渡されたときから、それが始まりのパイプ保持者の任務であるからだ。

もう何年も、消耗を恐れて、このパイプが人前に登場したことはない。ただその包みのみが、毎夏、開陳されることになっていて、多くの人がグリーン・グラスを訪れる。伝説と現代の繋がりを感じさせる夏の出来事である。

3

風の歌——詩歌編

イラスト　西村つや子

1　年老いた女の歌　〈イヌイット〉

私の回りの頭たち、耳たち、目たち
いつまで私の声が聞こえるかね
いつまで私のことが見えるかね
耳たちがもう私の声を聞かなくなったら
目たちが私の目を覗きこまなくなったら
私は脂身のついた生レバーを食べるのをよそう
だれも私を見なくなったら
私の髪がなくなったら
私は自分のカヤックにのって
海へ出よう
優しくカヤックを漕いで
フジョルド・アマシヴィックまで行こう
そこには氷河があって

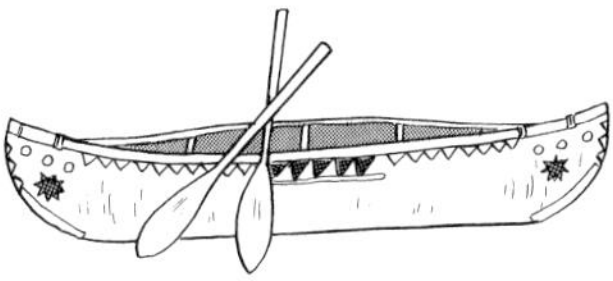

ウミツバメがあちこちを見回しているが
私が漕いでいるのには気づかない
するといっせいに尾っぽだけを覗かせて
海の中へ飛び込んだ
私を見つけたからじゃない
海の上に出てきた大きな頭に
大きな目とひげをつけた
大きな毛むくじゃらのアザラシが
ぽたぽたしづくをたらしながら
きらきら陽の光に輝いて
のっそり私の方へやってきた
どうしてもりを打ち込まない？
かわいそうになったのかい？
それとも、この春の日のせい
陽に遊ぶアザラシは
私と同じじゃないか

2　カリブー狩りの歌　〈イヌイット〉

おい、おい、カリブーさん
そこのきみだよ、長い足の
そこのきみだよ、長い耳の
長い首と毛を持つきみ
遠くから見るとシラミのように小さいが
スワンになって飛んできておくれ
大きな、大きなブルのような
　カリ・ブー・ブー・ブーさんよ

わたしが今立っているここに
足跡をつけておくれ
ここにはきみの大好きな

草木がたんと生えている
ごらん、わたしの手の中にゃ
きみがよだれをたらすよな
トナカイゴケがいっぱいだ
うまい、うまい、くちゃ、くちゃ、くちゃ
だから、おいでよ、おいでよ、カリブーさん

おいで、一歩を踏みだして
足を、前後にお運びよ
そうして、きみをわたしにおくれ
わたしはここだよ
待っているよ
　きみ、だけ、を

出てきておくれ、カリブーさん
さあ、今すぐに！

3　恋の歌　〈チッペワ〉

カイツブリかとおもったら
あなたが漕ぐ櫂が
水をはねる音だった

あなたは思い出そうとして
そこいら中を歩き回っている
でも思い出せない
わたしとの約束を

4　年老いた男が妻を歌った歌

〈イヌイット〉

夫と妻はあのころ愛しあっていた
今もそうだけど
お互いをきれいだと思ったころもある

でも何日か前
たぶん昨日だったかもしれない
妻は暗い湖に
自分の姿を映して見た
そこにはうんざりするような顔
崩れた老いぼれた女の顔
しわくちゃでシミだらけの顔

わかったわと妻が言った
映った姿は
水のスピリットが
しわくちゃでシワだらけだからよ

でも昔誰がそんな顔を見た？
しわくちゃでシミだらけ
オレじゃないだろう
今その顔を見てるのも
オレじゃないだろう？

5　娘を持った男の歌　〈イヌイット〉

兄弟よ、あれがお前の息子かい？
あれがお前の最初の息子かい？

みながオレをからかった
うむ、もう一度やりなおさにゃならん
今度はもっとましにな
ほんとに息子が欲しいなら
もっとするどいあそこがいる
あそこをもっとするどく削って
もう一度やり直そう
またやりそこなったとみなが言ったら
それはそれで仕方あるまい

6 鳥と結婚した男

〈マンダン〉

男が西へ旅をして
鳥のいる湖にやってきた
　わなを仕掛けて

あの鳥たちを捕まえよう

でもまず家を作って
それからわなを作った方がいい

家を作る木を探しに
男は森に入っていった
そこで男はヤマアラシ女に出会って
彼女と結婚した

女よ
おれはたくさんの鳥をみつけた
わなで捕らえて
一緒に食おう

家が出来あがってから

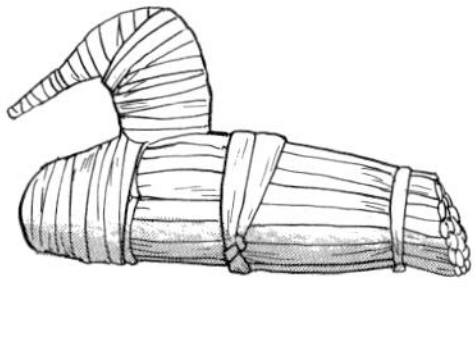

男は湖へ行き鳥を捕まえた
ガチョウだった
男はガチョウを殺すかわりに
彼女と結婚した

翌日も湖に行き鳥を捕まえた
こんどは白いガチョウだった
男は彼女と結婚した

翌日もわなへ行くと
ツルがかかっていた
男は彼女とも結婚した

翌日も男は湖にやってきた
また違う鳥がかかっていた
こんどはサギだった

そして男は彼女とも結婚した
翌日はアヒルを捕まえて
彼女と結婚した

そのまた翌日男のわなに
またもやガチョウがかかっていた
でもこんどは白いくちばしをした
潜水ガチョウだった
男は彼女とも結婚した

ついに女房が言った
ヤマアラシ女房が言った

　いったいどうなってるの？
　いっしょに食べるはずの

鳥はどこにいるの
食べるどころか
あんたは結婚した
ぜーんぶの鳥たちと

翌日また男は湖に出かけた
そして小さい鳥を捕まえた
黄色い鳥だった
男は彼女と結婚した

翌日こんどは大きな鳥がかかった
そして彼女と結婚した

男が鳥女房たちに言った
　みんなで一緒に踊ろうじゃないか？

鳥女房たちが答えた
　どうやって踊るの？
　どんなふうに踊って欲しいの？

　待っててごらん
　見せてあげよう

それは秋のことだった
男は出かけてゆき
抱えきれないほどの
実ったキツネノテブクロと
白と黄色のトウモロコシを
持って帰ってきた

　さあ、これから太鼓を作ろう
　踊りはそれが出来てから

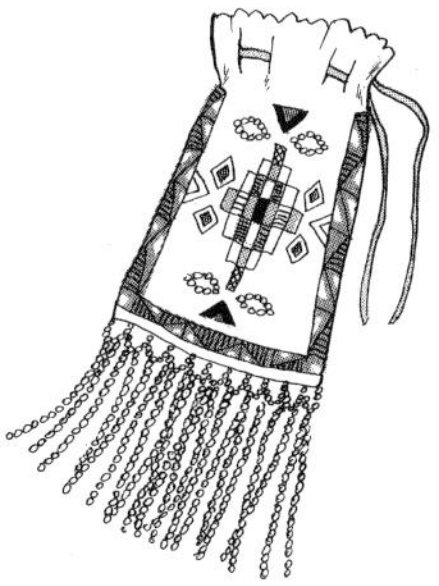

男はまた出かけ葉っぱを見つけて言った

　これで太鼓を作ろう
　レイヨウの革をかぶせ
　腹には模様をつけよう
　そうだ、ガチョウの足あとがいい

するとて手をひっくり返すように
葉っぱが太鼓に変わった
レイヨウの革に包まれ
ガチョウの足あとの模様がついていた

それから男はまた葉っぱをとって言った

　これがオレのガラガラだ

そうして指をつりあげると
葉っぱはガラガラになっていた

そうしてみなが踊り始めた

男がヤマアラシ女に言った
妻のヤマアラシ女房だ

　おまえが踊るのは最後だ
　鳥たちのあとで踊れ

最初に結婚したガチョウが先頭だった
　これから四日間踊り続けよう
　踊りはガチョウダンスと呼ぼう
　そうだ、ガチョウダンスだ

みなが踊り始めた
みなは四度踊った

二日目　みなは踊り
男は歌を歌った
毎日　みなが踊る間
男は目をつぶって
歌を歌った

最初のガチョウ妻が言った

　冬が近づいてきたわ
　きっとあなたはわたしたちを
　殺すのでしょう

年も終わりに近づいて

彼らが踊る間に
雪がちらついた
ガチョウダンスに雪が舞った

三日目に男はもう一度目をつむって
踊りのために歌を歌った

最初のガチョウ妻が言った

　また目をつむってあなたが歌ったら
　私たちは飛んで行ってしまうでしょう

四日目の踊りが始まると
男はまた目をつむって歌いはじめた

それまで彼が歌うと

鳥たちも一緒に歌ったものだった
だけどいま
みなしーんとしている

しーんとしている
オレの鳥たち
鳥女房たちよ

だれも歌ってない
オレの鳥たちよ
鳥女房たちよ

男が目をあけると
鳥たちがわっと飛びたった
彼は叫びながら追いかけた

　行かないでくれ
　鳥たちよ
　　ずっと愛していたんだよ

だけどガチョウ妻も
違うガチョウ妻も
ほかのすべての鳥の妻たちも
みんな聞かずに
飛び去った
南の方へ飛び去った

そのあと男は家に帰った
ヤマアラシ女房はいるはずだ
男の妻のヤマアラシ女房
だけど彼女も消えていた

7　離婚の歌

〈ツムシアン〉

1

あなたは私を愛した
あなたは私を賛美した
でもあなたは私を吐き出した
まるでまずい食べ物のように
まるで腐った魚のように
わたしのお婆さんが
干したブラック・ベリーを取り出して
毛布の下においた

2

あなたは良い人だと思っていた

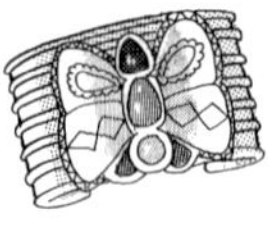

あなたは銀だと思っていた
だけどあなたは鉛だった

山の上を見てごらん

私が太陽の中を歩く
私が太陽そのもの

8　夜明けの歌　〈メスカレロ・アパッチ〉

黒い七面鳥が東の空で羽根をひろげる
美しい羽根先が白い夜明けになる
夜明けの使いの少年たちが
走ってやってくる

日光で織った黄色い靴を履いて
かれらは光線の川の上で踊る

虹のお使いの少女たちが
踊りながらやってくる
日光で織った黄色い上着を着て

夜明けの少女たちが
私たちの上で踊る

山肌は緑に冴え
てっぺんは黄金に変わる

今わたしたちの上に
美しい山の上に

夜明けがやってきた

9　夜明けの歌　〈パウニー〉

大地よわたしたちの母よ
命の息をしてください
眠っていた夜は
いま目覚め
東の方に
いま夜明けを見る

大地よ、わたしたちの母よ
息をし　目覚めてください
葉が揺れ
すべてのものが動きはじめ

新たな日が
新たな命を生む

空の高みのワシよ
朝を見てください
毎日のことではあるのに
なにかすばらしく神々しい
この不思議な新しい朝を見てください

夜明け　大いなるものと暗闇のおとし子よ

10　饗宴の歌　〈ピマ〉

輝く朝がやってきた
輝く朝がやってきた

朝の光がすばるの星まで届く
月をつりあげて
お日さまが高く登った

ルリツグミがかけてくる
女たちが
頭に雲をのせて運んでくる
雲が女たちの頭の上で踊っている

クモの魔術師が
月を巻き上げ
お日さまを結わえる

灰色のクモが
そこに立っている

それからクルっとまわって
行ってしまった

ごらん、高く空に伸びる青いサトウキビを

11　空のはた織り機の歌　〈テワ〉

ああ　わたしたちの母なる大地　父なる空よ
あなたがたの子どもであるわたしたちは
あなたがたが大好きなものを
疲れた背に負って
持ってきました

だからわたしたちに
光の服を織ってください

朝の白い光を縦糸に
夕陽の赤を横糸に
降る雨を房飾りに
空にかかる虹を縁取りに

わたしたちに光の服を織ってください
その服でわたしたちは鳥が歌うところ
緑の映えるところを歩きます

ああ　わたしたちの母なる大地　父なる空よ

12　フクロウ女の歌　〈パパゴ〉

茶色いフクロウが
青い夜にここへやってきた

ホーホーと泣きながら
彼らは羽を震わせた

私の歌をどうやって始めよう
落ち来る青い帳《とばり》の中で
ここに座って私の歌を始めよう

夜に向かって
私の心は出かけてゆく
私に向かっては
暗闇がからからとやってくる
夜に向かって
私の心は出かけてゆく

13　夜の祈り　〈ナヴァホ〉

この美しさの中で
あなたはわたしの現《うつ》し身となる
この美しさの中で
あなたはわたしの歌になる
この美しさの中で
あなたはわたしの力になる
この美しさの中の
わたしの聖なる力よ

14 歌 〈スー〉

私はオオカミと思っていたが
フクロウがホーホーと鳴くのを聞いて
いまは夜が怖くなった

15 雷の歌 〈ナヴァホ〉

大地を清める声
天上の声
雷の声が
暗雲の中から
何度も何度も響いてくる

大地を清める声
大地を清める声
地上の声
コオロギの声が
草の間から
何度も何度も聞こえてくる
大地を清める声よ！

16　嵐の歌　〈ズニ〉

母なる大地を
たくさんの花で四度覆《おお》ってください
天上を
うずたかい雲で覆ってください

大地を霧で覆い
大地を雨で覆ってください

大地を大いなる雨で覆い
大地を雷光で覆ってください

大地のいたるところに雷鳴をとどろかせ
雷のドラムを聞かせてください

雷鳴をいたるところに
大地の六つの方角すべてにとどろかせてください

17 カチナ*の歌 〈ズニ〉

西の花の山には

雨の司祭が座っている
頭をうずたかい雲で飾り
彼の言葉がイタワナ*に響く
「さあ、立ちあがれ」
そうして海に囲まれたこの浜で
レイン・メーカーが互いに言う
さあ、行こう
さあ、行こう

南の塩の湖の山には
雨の司祭が座っている
頭を霧で飾り
彼の言葉が雨となってイタワナを覆う
「さあ、行こう」
そうして春になると
レイン・メーカーが互いに言う

さあ、行こう
さあ、行こう

「美しい言葉が芽をふく。太陽が、黄金の夜明けが芽生える」
露で潤ったトウモロコシたちが互いに言う
「美しい言葉が芽をふく。黄金の太陽が芽生える」
トウモロコシたちは互いに言う
そしてあらたな命を生み出す
さあ、さあ、さあ

＊カチナは死者になぞらえられる超自然的存在。また雲や雨を司るとされる。カチナの儀式で豊穣と雨乞いを祈る時、人格化されたカチナの面をつける。
＊イタワナは死者の国。

18　魔法の言葉

〈イヌイット〉

むかしむかしその昔
人と動物がいっしょに暮らしているとき
望めば人は動物になれたし
動物もまた人になれた
だからしょっちゅう人と動物が入れ代わり
ふたつに違いはなかった
みんなが同じ言葉をしゃべった
そのころ言葉には魔法があって
人の心は不思議な力を持っていた
たまたま口をついた言葉が
不思議なできごとを運んできた
言葉がとつぜん生きはじめ

人が望むことが本当になったりした
だから人は望むことを言いさえすればよかった
なぜそうなるかは誰にもわからなかったけれど
それが当たり前のことだったのだ

19 成熟の歌（少女の思春期の通過儀礼の際歌われる）

〈チリカワ・アパッチ〉

白く塗られた女よ
あなたのもとへ来ました
長い命をもらうために
あなたのもとにやってきました
あなたの祝福を受けるため
将来の幸運をもらうため
あなたのさまざまな恵みをもらうため
あなたが授ける長い命を受けとるため

あなたのもとにやってきました
あなたはこの聖なる知恵を
わたしたちに授けるでしょう

これからあなたの歌を歌います
長い命の歌です
太陽よ、この大地に立ってわたしが歌うのを聞いておくれ
月よ、あなたのところへ歌を運びます

白く塗られた女の力が顕われる
あなたの眠りの力が
あなたはこの少女を運ぶ
彼女に　長い命と幸運と老齢を運ぶ
あなたの懐で安らかな眠りにつくこの少女に
少女よ、この良き大地で

あなたの新たな命が始まった
美しいモカシンとともに始まった
虹で編まれたモカシンの紐とともに
新たな命が始まった
太陽の光で編まれたモカシンの紐とともに
あなたの新たな命が始まった
多くの恵みに囲まれ
新たな命が始まった

20　蛍の歌　〈オジブワ〉

点滅する白い火の虫よ
漂う小さい火の獣よ
私の寝床の上に小さな星を降らせておくれ
夢の中へ小さな星を織り込んでおくれ

さあ、来て、踊る白い火の虫よ
きらめく白い火の獣よ
お前の燃え立つ魔法
星の松明で
私に火をつけておくれ

21　岩の歌　〈オマハ〉

いつ知れぬ昔から
動かぬ岩よ
あなたは道の真ん中にどっかと座る
風のただなかにどっかと座る
鳥の糞に覆われ
足元の草に覆われ
頭を鳥たちの糞で飾り

あなたはどっかと座る
風のただなかで待つ
太古のものよ

22　春の歌　〈オジブワ〉

わたしの目が
草原を見わたすと
春のなかに夏を感じる

23　今日は俺の日だ　〈スー〉

1
フクロウが鳴く

ホーホー
夜が更けてフクロウが鳴く
ホーホーホー

2
そこいら中から彼らはやって来た
飛んでやって来た
北から風が吹いてきて
地上を疾走した
彼らは来た
彼らは飛んで来た
そこいら中からやって来た

3
今日は俺の日だ
俺は声を送る

みなよ　認めてくれ
今日は俺の日だ
俺は声を送る
今、ここに俺がいる

24　力を願う祈り　〈パウニー〉

忘れまい、忘れまい
この丸い空を
そこにある星と茶色いワシを
四つの方角からこの地上に
昼夜を分かたず息吹く
この神秘の風を
忘れまい

忘れまい、忘れまい
この太陽の偉大な命を
この地上を覆う
生きものたちの命を生む
地上に降り注ぐ
この太陽を
忘れまい

忘れまい、忘れまい
すべての中にある神聖さを
流れる水と住処
巣の中の新たな命
聖なる火の炉端
火の中の聖なる炎を
忘れまい

25　戦《いくさ》歌　〈スー〉

友よ、あなたは遠くへ行った
友よ、彼らは泣いている
戦いは北であった
友よ、あなたは遠くへ行った
友よ、彼らは泣いている

26　追悼の歌　〈スー〉

孤独なワシよ
どこへ行った
どこへ行った

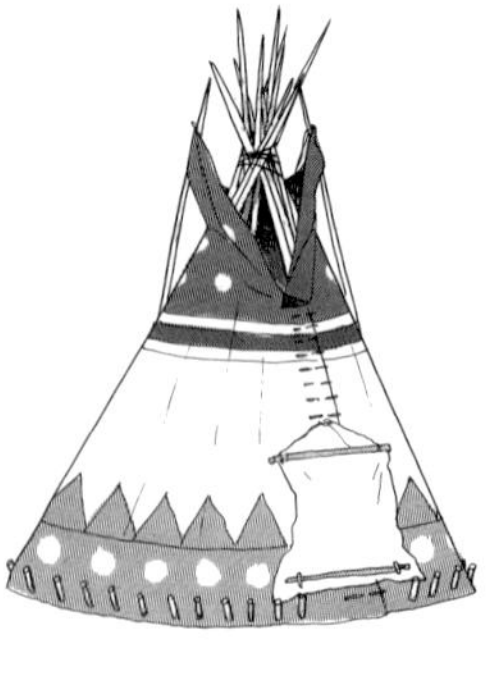

あなたに繋がるものたちは
泣いてあなたを探している
わたしも泣き泣き探しにゆく
このつらさ

27 死の歌（族長ホワイト・アンテロープが死に際して）〈シャイアン〉

悠久を生きるものはない
悠久を生きるものはない
悠久を生きるものはない
この大地とあの山以外は

28　癒しの歌　〈スー〉

父よ
ここへ来てください
二本足のものが大地に横たわる
私は生き返る
父よ
ここへ来てください

母よ
ここへ来てください
二本足のものが大地に横たわる
私は生き返る
母よ

ここへ来てください

29　ペヨーテ*のヴィジョン

〈カイオワ〉

夜明けがやってきて
水鳥の羽根の扇が使われるとき
水鳥の歌が歌われるとき
司祭の顔が消えて
そこに水鳥が現れる
ペヨーテのガラガラを鳴らし
歌いながら
飾り棒の先にとまる

*南西部インディアンが儀式に用いる
幻覚性のあるサボテンの一種

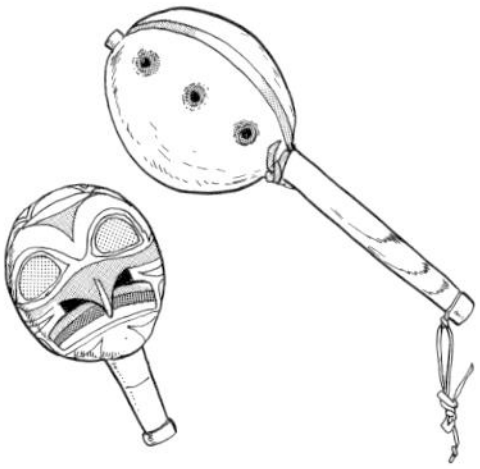

30　ゴースト・ダンス*の歌　〈パイユート〉

竜巻きだ！　竜巻きだ！
新しい世界が現れる
雪のように速く
新しい世界が現れる
雪のように静かに

*ゴースト・ダンスは19世紀後半にパイユート族のメディスンマン、ウォヴォカのヴィジョンによって始まった踊り。踊り続ければインディアンの死者たちがよみがえり、白人が消えて、かつての良き時代が戻って来ると信じられた。

「声」の共同体――あとがきに代えて

アメリカ先住民はもともと無文字の民である。唯一の例外としてチェロキー文字が挙げられるが、それも一九世紀の半ばにセコイアという一個人によって作られたものだった。先住民が文字を知るようになったのは、彼らの母なる大地への闖入者、白人との接触以降のことである。初めて文字にふれた先住民は、文字の書かれた紙や書籍をTalking Leavesと呼んだ。「喋る葉っぱ（紙）」というこの名称からも、彼らにとって「言語」とは、あくまで音声中心の話し言葉であったことがよくわかる。

事実彼らは口承の民であった。部族ごとにさまざまな歌や物語を持っていた。歴史や伝統は、それらの歌や物語の中に織り込まれ、何世代にもわたって語り継がれてきた。一つの部族に属する人たちは、同じ物語を持ち、声を共有した。以前、私は先住民の共同体を「声の共同体」と呼んだことがある。声の届く範囲で人びとは繫がり、声は共同体の紐帯を強くした。言葉は単に日常のコミュニケーションの道具であるばかりでなく、さまざまな役割を共同体の中で担った。物語は、読み書きを教える学校という制度のない無文字社会で、子供たちの知恵と思考力と創造力を鍛える教師であったし、物語にあるユーモアは、生死を共にする運命共同体である部族社会の潤滑油となった。また彼らにとって歌は祈りであるから、伝統的儀式で歌を伴わないものはほとんどない。歌うことで、「聖なるもの」とすべての人が繋がるのだ。たとえば、ラコタ・スー族が「聖なるもの」の代表ワカンタンカに直接呼びかける歌では、その最初のフレーズ「ワカンタンカ、ウンシマラエ（ワカンタンカ、我に憐れみを）」が歌い出されると、敬虔な気持ちがこみ上げてきて、その場の祈りが大きく一つになる。声になった言葉は、そういう力を持つものだった。

だが、一九世紀の半ばから後半にかけて、合衆国に完全に制圧された後は、強力な同化政策が彼らの伝統を分断していった。子どもたちを白人教育の枠組みに置くことが強制され、寄宿学校に送られた子どもたちは、母語の使用を厳しく禁じられた。歌うことも、祈ることも、物語ることも禁じられた。言語が固有の文化と伝統を繋げていくもっとも強力なものであることを、征服者たちはよく知っていた。「口承」の民からその「語り」を奪うことによって、共同体をばらばらにしようとしたのである。

同化政策は「功」を奏して、かつて三〇〇を超えた先住民言語は、現在半数の一五〇言語しか実際の話者を持たない。さらに一世紀のうちに、二〇にまで減少するという予測すらある。

一五〇言語中、若者の話者がいるのは三五言語に過ぎないからだ。一九六五年代以降活発化した先住民復権運動もあって、多くの部族で伝統文化の掘り起こしや言語維持のための試みがなされているが、私が通う保留地でも、部族語の話者は一割を超えない。

英語が日常となった今、かつての口承伝統は完全に失われただろうか。いや、決してそうではない。私は彼らの生活の随所で「物語る」伝統が生きていることを、強く感じてきた。子どもたちはお話に耳を澄まし、大人が三人集まれば、お話が始まる。それは一昨日の妻との喧嘩の話かも知れないが、いきさつから結末までが、不思議と「物語」になってしまうのだ。

二〇〇三年度のサンダンス映画祭の受賞作『スモーク・シグナルズ』は、初の先住民による先住民の映画だが、その中に私の実感を鮮やかに裏打ちするシーンがあった。コードレーン保留地で、パンクな二人の少女が、二人の少年を車に乗せる場面である。

少女「乗せてあげてもいいけど、何くれる？　私たちインディアンじゃない。物々交換でいこうよ」

少年「物語でどう？」

そうして少年は、保留地のある人物にまつわる過去の出来事を物語にして語るのだ。

この五〇〇年の間に、アメリカ先住民は実に多くを失ったが、「声」は失わなかった。声が響いている限り、どんなに貧しかろうと彼らの共同体は死なないだろう。

私にたくさんの「物語」をくれたローズバッド保留地のアルバート・ホワイトハット、ドゥウェイン・ホロホーン・ベア、ゲイリー・ハッカー、オリー・ネパシネ、たくさんの歌を歌ってくれたナディーンありがとう。そして、彼らの語りに感応する心と、聞く「耳」を育ててくれたのは、幼いとき実に多くの「お話」を聞かせてくれた祖母たちである。今はもう亡き祖母たちにも、この場をかりて感謝したい。

大修館書店編集部の日高美南子さんから、『英語教育』誌への連載依頼を頂かなかったら、本書は誕生していなかっただろう。本書の1部と2部の一部はその折の原稿が主となっている。日高さんは本書の企画、構成から出版までヴェテラン編集者らしい多くの知恵と工夫をくださった。また同社刊行部の長友賢一郎さんにも、かつて書き下ろしの話を頂いたことがある。私の仕事は、いつもたくさんの良い御縁に導かれて成り立っている。私に繋がるすべての人に、ありがとうございます。

二〇〇六年「雪が眩しくて目のくらむ月」に

阿部　珠理

【付録4】 現在のインディアン保留地

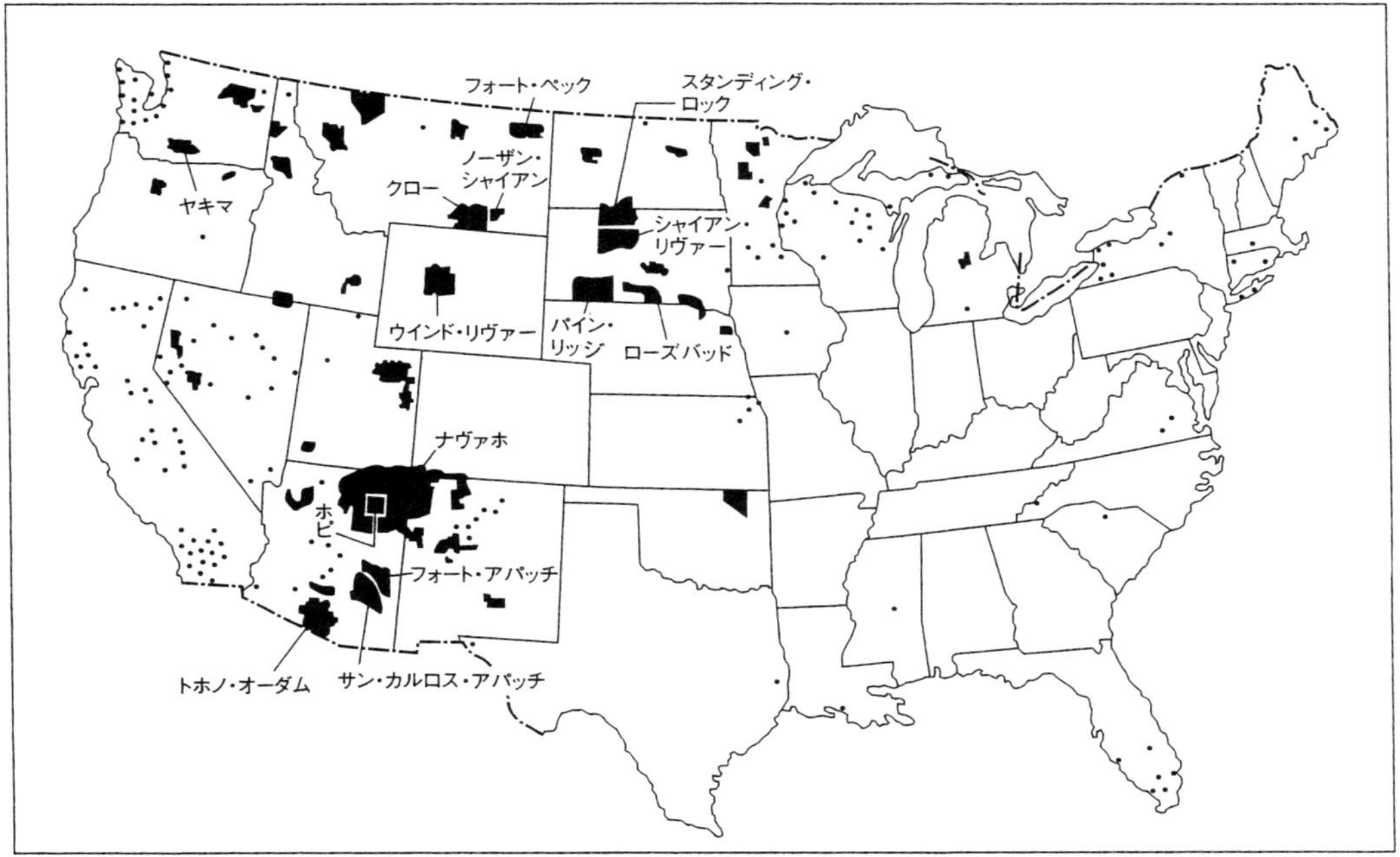

〈19世紀初めの主な部族〉

五大湖の周りには、ソーク＆フォックス、マイアミ、オジブワなどの部族が住んでいた。彼らは野生の稲を収穫したり、「白い魚」（大きなニジマスの一種）を捕ったりした。

北東部には、イロコイ、ヒューロン、デラウエア、ショーニーなどの、定住して農耕を営む部族が住んでいた。アルゴンキン族は狩猟と採集を事とした。その近くに住むミックマック、アベナキ、クォート、ペノブスコットの各部族は漁業と狩りの両方で生計を立てていた。

南東部にいくと、チェロキー、チョクトー、クリーク、ナッチェズなどの部族が大きな集落を作り農耕を行っていた。フロリダにはセミノール族が住み、狩猟と漁労を行っていた。

【付録3】 インディアン各部族の分布地図

北西海岸では、クワキュトル、ヌートカ、ハイダ、トリンギット、ツムシアンなどの部族がサケを捕って生活していた。

大平原はバッファロー狩りをする者たちの王国であった。そこにはスー、クロー、ポーニー、コマンチ、シャイアン、オセージ、カイオワ、アシニボイン、ブラックフィート、ショショーニ、マンダンなどの部族がいた。マンダン族は平原インディアンの中では、猟と農耕の両方を行う唯一の部族である。

南西部では、ホピ、ナヴァホ、ズニの各部族が、牧畜やトウモロコシの栽培をしていた。

な川」を意味する。

ミズーリ **Missouri**　「泥の川」という意味の部族名からきており、川の呼び名でもある。

ミネソタ **Minnesota**　スー語の川の名「空を染めた川」から。

ユタ **Utah**　ユート Ute 族から取られた。族名はアパッチ族がユート族を指して呼んだ「山の上の人」から取られたとも言われる。ユート族は事実近接のアパッチ族やナヴァホ族より高地に住んだ。

ワイオミング **Wyoming**　デラウェア族の言葉で「広がる平原」maugh-wau-wama からだと思われる。

る水路」を意味する川の名から取られた。

オクラホマ Oklahoma　南東部のチョクトー族が自らを指した「赤い人」の意味。

オハイオ Ohio　イロコイ族の言葉で「美しい川」を意味する。同名の川から転用。

カンザス Kansas　スー語族系のKansaあるいはKansasは「南の風の人」を意味する。

ケンタッキー Kentucky　「草地」を意味するKentake、あるいは「明日の土地」を意味するウェンダット語のKen-tahtenからとも言われる。

コネティカット Connecticut　「長い川」を意味するQuonoktacutから生じた。

サウスダコタ South Dakota　Dakotahはスー語で「同盟」あるいは「仲間」を意味する。スーの諸部族連合を指して使われた。

テキサス Texas　「友人」あるいは「同盟」を意味するTejasから派生。

テネシー Tennessee　チェロキー族の村があったTanaseeに因む。川の名前でもある。

ニューメキシコ New Mexico　リオ・グランデ川の北西を指してメキシコ人が呼んだ場所の名。アズテクの戦いの神Mixitliに因むという説がある。

ネブラスカ Nebraska　スー語で「浅い川」を意味する。

ノースダコタ North Dakota　サウスダコタに同じ。

マサチューセッツ Massachusetts　アルゴンキン語で「大きな坂のある小さな場所」を意味する。たぶんボストン湾からの岸の眺めであろう。

ミシガン Michigan　アルゴンキン語の湖の名Mishagamaw「偉大な水」から。

ミシシッピ Mississippi　「すべての水が集まるところ」「偉大

【付録2】 州名になったインディアン語とその意味

＊合衆国50州のうち、以下に挙げる27州の名が先住民のことばを基につけられている。

アイオワ **Iowa** 「眠たい人」を意味する部族名 Ah-hee-oo-ba 族からの転用。

アイダホ **Idaho** 諸説あるが、ショショーニ語で「山の上の光」を意味する edah hoe あるいは ida（サーモン）ho（食べる人）から。

アーカンソー **Arkansas** スー語族系の Kansa あるいは Kansas は「南の風の人」を意味する。そのフランス語版であるという説がある。

アラスカ **Alaska** イヌイットの言葉で半島を意味する alakshak から取られたという説と「彼らの土地」を意味するアリュート語の Alaxsxaq という説がある。

アラバマ **Alabama** 南東部のクリーク連合に属する一部族、Alabamas が転用されたもの。この部族名は川の名にも残っている。

アリゾナ **Arizona** パパゴ族が自分たちの土地を Arizonac「小さい泉の場所（水が少ないところ）」と呼んでいたことから取られたという説が有力。

イリノイ **Illinois** イリニ Illini 族にフランス語の形容語尾 ois がついたもの。族名は「人間」あるいは「勇者」を意味する。

インディアナ **Indiana** オハイオ川沿いの土地がインディアンから購入されたことからの命名とも、ペンシルヴェニア西部に住んでいたインディアン部族名からとられたものともいう。

ウィスコンシン **Wisconsin** インディアン語で「荒々しく流れ

	ら、インディアンの部族自治を促進し、ドーズ法がもたらした土地の流失と細分化に歯止めをかけようとする。
1944	全国アメリカ・インディアン会議設立。部族を超えてインディアンの権利を訴える汎インディアン運動にはずみがつく。
1953〜54	保留地予算の削減を目論み、保留地住民を都市に転住させアメリカ社会に同化させる「連邦管理終結政策」実施。
1961	全国インディアン青年協議会結成
1968	アメリカン・インディアン・ムーブメント（AIM）結成
1972	AIMによるウンデッド・ニー占拠。合衆国のインディアンに対する歴史的不法性を世論に訴える。
1987	インディアン信教の自由法。さらに94年同法修正によって、ペヨーテや白頭ワシの羽根など、インディアン固有の信仰に必要なものの使用が認められた。
1990	「ネイティヴ・アメリカン墓地保護および返還に関する法」成立。この法によって博物館や研究機関が所有する先住民の遺骨、埋葬品、聖具の、子孫や部族への返還を義務づけた。
1991	コロンブスの大陸到達を「侵略500周年」とする運動が起きる。
1992	「世界先住民会議」にアメリカ・インディアンも参加。
1993	国連「先住民年」開始。
1998	1864年の虐殺の場、サンドクリークの国立史跡化
2003	リトル・ビッグホーンにインディアン記念碑建立。「和解と平和」のメッセージを発信。
2004	ワシントンDCにスミソニアンの最後の博物館となる「アメリカ・インディアン博物館」完成。インディアン自身が建設、運営に主体的役割を担う最初の博物館である。

1849	インディアン局、内務省の管轄に移行。
1862	ミネソタで約束不履行に抗議したサンティ・スー族が蜂起するが鎮圧され、リーダーたちが一斉に絞首刑に処せられた。1800年代後半、合衆国は彼らが「インディアン戦争」と呼ぶ西部の抵抗諸部族の鎮圧に乗り出す。
1864	サンドクリークの虐殺。平和条約を結んだシャイアン族のブラック・ケトルのキャンプを襲った合衆国軍が女子どもを含むシャイアン族500人を惨殺。
1876	リトル・ビッグホーンの戦い。スー・シャイアン・アラパホ族連合が、国民的英雄カスター中佐率いる第7騎兵隊を殲滅。平原部族にとっては最後の戦いの栄光になるが、世論の同情を味方に合衆国は容赦ないインディアン討伐に乗り出す。
1881	ヘレン・ハント・ジャクソン『恥ずべき一世紀』出版。政府のインディアン政策を批判。
1882	インディアン人権協会設立
1887	ドーズ法（インディアン一般土地割当法）制定。インディアン個人を土地所有者とするこの法によって、土地が部族外の非インディアンに流失し、インディアン部族共同体は解体の危機に瀕した。
1890	サウスダコタ州ウンデッド・ニーにおいて、第7騎兵隊が武器を放棄したスー族300人を虐殺。合衆国の「インディアン戦争」終結。
1911	全国的な汎インディアン組織「アメリカ・インディアン協会」設立
1918	オクラホマで汎インディアン宗教組織「ネイティヴ・アメリカン・チャーチ」発足
1924	インディアン市民権法。すべてのインディアンに市民権付与。
1934	インディアン再組織法。行き過ぎた同化政策の反省か

1722	シックス・ネーション連合の形成。イロコイ5部族連合にタスカローラが加わり、東部の一大勢力となる。
1729	ミシシッピ文化の担い手であったナッチェス族、フランスとチョクトー族連合によって壊滅させられる。
1763	オタワ族ポンティアックの呼び掛けに応じて、オジブワ、セネカ、ポトワトミーが汎インディアン連合を形成し、五大湖周辺でイギリス支配に抗する。イギリス王ジョージ三世、アパラチア山脈以西の土地をインディアンの領土と認める宣言を発する。
1775～1783	アメリカ独立戦争
1787	アメリカ憲法制定。北西部条例によってインディアンの北西部の領土権と統治権を認める。
1794	フォールス・ティンバースの戦い。マイアミ族リトル・タートル率いる諸部族連合が北西部を狙う合衆国軍に敗れる。
1812	ショーニー族族長テクムシが汎インディアン連合を糾合し、米英戦争に際してイギリスと同盟して合衆国と戦う。
1813	テクムシ戦死。これによって東部のインディアンの抵抗はほぼ終結し、合衆国の西への膨脹が始まる。
1824	西部諸部族との戦いに備え、合衆国陸軍にインディアン局創設。
1827	チェロキー族が独自に憲法制定
1830	インディアン強制移住法成立
1831	「チェロキー・ネーション対ジョージア州」裁判で、最高裁は諸部族を「国内の従属国」と位置づけ、チェロキー族の自治を否定。おりからチェロキーの土地で金が発見され、オクラホマへの移住を余儀無くされる。南西部族の一連の悲劇的な強制移住は、「涙の旅路」と呼ばれる。

(B.C.) 100〜 (A.D.) 1300	南西部文化の隆盛期。ニューメキシコ南部からメキシコ北部で発達したモゴヨン文化、アリゾナ南部のホホカム文化は、装飾的な土器を作り、農耕のための大規模灌漑用水路を作った。フォーコーナーズ（アリゾナ、ネバダ、ニューメキシコ、ユタが接する地域）では600年から1300年頃アナサジ文化が黄金期（大プエブロ期）を迎え、居住者が1200人とも推定される巨大な家屋複合体（プエブロ）を発達させた。
1492	コロンブス「新大陸」到達。このころ現在の合衆国には、最大推定で1800万人、概ね500万〜1000万人の先住民がいたと考えられる。彼らは、500前後の部族に分かれ、居住地域の風土に根ざした文化を発達させていた。
1607	イギリスがエリザベス女王（Virgin Queen）に因んで名付けたヴァージニアに、ジェームス一世の名を冠する最初の恒久的植民地ジェームスタウンを建設。その地にはポーハタン連合の諸部族が暮らしていた。
1620	イギリス人清教徒がメイフラワー号で東部に到着。出港地に因んでその地をプリマスと名付ける。
1633〜35	天然痘が東部の先住民の間で猛威を振い、人口を激減させる。
1637	ペクォート族、イギリス人の襲撃で壊滅。
1644	ポーハタン連合がジェームスタウンを襲撃するが敗退し、土地割譲を余儀無くされる。
1675〜6	フィリップ王戦争。フィリップ王とあだ名されるワンパノアグ族族長メタカムが東部のアルゴンキン諸部族の連合に成功し、イギリス植民地と戦うが敗れ、彼の首は長くボストン・コモンに曝される。
1680〜 1693	プエブロ反攻。スペインの占領に抗う南西部部族が自治を回復。しかしこの後はスペインが再占領。
1700〜 1760	もともとスペイン人が持ち込んだ馬を入手したスー族が平原への移動を開始し、馬によるバッファロー狩りの効率化によって、大平原文化を花開かせてゆく。

【付録1】 インディアン史 略年表

年代	事項
B.C.	
2万7000～1万2000	アジア系の人々が獲物を追って、氷結したベーリング海（ベリンジア）を渡り現在のアメリカ大陸にやってきた。古インディアンである。このベリンジア経由の渡来説が現在でも有力だが、南米で発見された遺跡が全般に北米のものより古いことから、オーストラリア起源のアボリジニが南極ルートでやってきた説、アフリカから大西洋ルートでやってきた説、アジア起源でも陸路ではなく海洋ルートでやってきた説、ヨーロッパのソリュートレ人が大西洋を越えて北米東海岸に到達した説など諸説がある。おそらくそれぞれのグループが異なる時代に北米大陸にやってきたと考えられるが、最近の遺伝子研究によれば、広範な先住民サンプルが、アジア系の出自を示している。
1万5000頃	クロヴィス尖頭器が盛んに使われる。
5000～2000頃	狩猟依存型の生活から農耕依存型生活への移行期。気温の上昇、西部の乾燥化、東部の温暖・湿潤化によって大動物が死滅した。農耕化は単線的に進んだのではなく、狩猟、採集、農耕の3つが、各地の自然環境に応じて組み合わされて継続した。
1500頃	東部森林地帯ミシシッピ川流域でトウモロコシ栽培と土器の使用が始まる。
1000～**A.D.**～1700	マウンド（塚）文化の隆盛期。マウンドには墓にあたる埋葬マウンド（アデナ文化：BC1000～300およびホープウェル文化：BC300～AD700）と信仰の中心であった神殿マウンド（ミシシッピ文化：AD700～1700）がある。最大級のマウンドは高さ30メートル、基底部が330×216メートルに達するカホキア・マウンド。合衆国には現在10万以上のマウンドがあると見られている。

Rice, Julian. *Lakota Storytelling : Black Elk, Ellla Deloria and Frank Fools Crow*. New York : Peter Lang, 1989
Rothenberg, Jerome ed. *Shaking the Pumpkin : Traditional Poetry of the Indian North Americas*. New York : A Doubleday Anchor Book, 1972
Sandoz, Mari. *Crazy Horse : The Strange Man of Oglalas*. Lincoln and London : University of Nebraska Press, 1992
Standing Bear, Luther. *Land of the Spotted Eagle*. Lincoln and London : University of Nebraska Press, 1978
Utley, Robert M. *The Lance and the Shield : The Life and the Time of Sitting Bull*. New York : Henry Holt and Company, 1993
Waters, Frank. *Brave are My People*. Santa Fe : Clear Light Publisher, 1993
Weatherford, Jack. *Indian Givers : How the Indians of the Americas Transformed the World*. New York : Fawcett Columbine, 1988
Wolfson, Evelyn, *From Abenaki to Zuni : A Dictionary of Native American Tribe*s (illustrations by William Sauts Bock) New York : Walker and Company, 1988

阿部珠理『アメリカ先住民―民族再生にむけて』角川書店、2005
――――『アメリカ先住民の精神世界』日本放送出版協会、1994
富田虎男『アメリカ・インディアンの歴史』雄山閣、1992
ブラック・エルク述／ジョン・G．ナイハルト著『ブラック・エルクは語る』(阿部珠理監修／宮下嶺夫訳) めるくまーる、2001
横須賀孝弘『北米インディアン生活術』グリーンアロー出版社、2000

参考文献

Astorov, Margot ed. *The Winged Serpent : American Indian Prose and Poetry*. Boston : Beacon Press, 2001

Bergon, Frank ed. *The Journal of Lewis and Clark*. Penguin Books, 1989

Bierhorst, John ed. *The Sacred Path : Spells, Prayers and Power Songs of the American Inidian*. New York : Quill, 1983

Brandon, William ed. *The Magic World : American Indian Songs and Poems*. Anthers : Ohio University Press, 1991

Densmore, Frances. *Teton Sioux Music and Culture*. Lincoln and London : University of Nebraska Press, 1992

Deloria, Vine Jr. *God Is Red : A Native View of Religion*. North American Press, 1992

Edmunds, David R. ed. *American Indian Leaders : Studies in Diversity*. Lincoln and London : University of Nebraska Press, 1980

Erodoes, Richard and Ortiz, Aslfonso ed. *American Indian Myths and Legends*. New York : Pantheon Books, 1984

Frey, Rodney ed. *The Stories That Make the World : Oral Literature of the Indian Peoples of the Inland Northwest as Told by Lawrence Aripa, Tom Yellowtail, and Other Elders*. Norman : University of Oklahoma Press, 1995

Hamilton, Charles ed. *Cry of the Thunderbird : The American Indian's Own Story*. Norman : University of Oklahoma Press, 1972

Josephy, Alvin M.Jr. *The Patriot Chiefs*. New York : The Viking Press, 1961

McLuhan, T.C. *Touch the Earth : A Self-Portrait of Indian Existence*. New York : Promontory Press, 1971

[著者紹介]

阿部　珠理（あべ　じゅり）
福岡市生まれ。UCLA大学院助手、香蘭女子短期大学助教授を経て、現在立教大学社会学部教授。アメリカ先住民研究。著書に『アメリカ先住民―民族再生にむけて』（角川書店）『アメリカ先住民の精神世界』（日本放送出版協会）『みつめあう日本とアメリカ』（編著・南雲堂）『マイノリティは創造する』（共著・せりか書房）、訳書にアメリカ先住民の口承文学をまとめた『セブン・アローズ』（全3巻、地湧社）『ブラック・エルクは語る』（監訳・めるくまーる）『文化が衝突するとき』（南雲堂）、論文に「アメリカ・インディアン・アイデンティティと文化構造」など多数。

大地《だいち》の声《こえ》――アメリカ先住民《せんじゅうみん》の知恵《ちえ》のことば

NDC164 viii, 245p 20cm

初版第1刷――2006年4月10日

著　者――――阿部珠理《あべじゅり》
発行者――――鈴木一行
発行所――――株式会社大修館書店
〒101-8466　東京都千代田区神田錦町3-24
電話03-3295-6231（販売部）03-3294-2357（編集部）
振替00190-7-40504
[出版情報] http://www.taishukan.co.jp

装丁者――下川雅敏／イラスト　福井紀子・西村つや子
印刷所――文唱堂印刷
製本所――牧製本

ISBN4-469-24511-9　Printed in Japan